ちくま学芸文庫

世界リスク社会論

テロ、戦争、自然破壊

ウルリッヒ・ベック

島村賢一 訳

筑摩書房

目次

本書は二〇〇三年十一月、平凡社より刊行された。

世界リスク社会論——テロ、戦争、自然破壊

Ulrich Beck
Das Schweigen der Wörter
Japanese edition published by arrangement
through The Sakai Agency

日本語版への序文

九月一一日の米国同時多発テロ事件後に続いて起きた国際政治上の一連の出来事に注目してきた人は、以下のような洞察に至るでしょう。「コスモポリタニズムの理念を、安易に国家にゆだねることは許されない。なぜならば国家というものは、拡大しているコスモポリタン的な行為のチャンスを、自分自身のヘゲモニーの強化のため、そして監視国家を超国家的につくり上げるために利用しているからである」。このように危険化をめぐる議論によって、危険予防のための政治的な原理主義に突破口が開かれることになります。コスモポリタン的な危険が民主主義の栄光の下に、そして民主主義を手段にして、民主主義を密かに無効化してしまい、そうした無効化を正当化していることは、コスモポリタン的な危険の両義性ゆえに起こるものです。どのような力によってこうしたことが生じているのでしょうか。そのことを理解するためには、危険の魅惑というものを解明することが必要になるでしょう。

グローバルな危険は生きのびる可能性を危ういものにしますが、そのことによってグローバルな行為のチャンスが開かれます。そこから容易に予測できるのは「今世紀は自らを危険に陥れるという奇妙な世紀であるが、以前には決して存在しなかったような『ひとつの世界』の世紀になるであろう。わたしたちの時代の悲劇の源泉と射程が、すべてグローバルなものであるということを知ることによって、コスモポリタン的な経験と期待の地平が広がるであろう」といったことです。そうして「誰も逃げ出すことのできないようなグローバルな責任の連関のなかにわたしたちは生きているのだ」という洞察が広がります。この意味において九月一一日は（しかもこの五〇年間で初めて）、西洋の平和と安全というものが、世界の紛争群やそれらの原因とはもはや折り合わないことを公的に明らかにしました。まさにこの超国家的な視点が、「自分の」問題を解決するために国境を超えて協力することを要請しているのです。前世紀の七〇年代ヒッピー世代は、「make love, not war（戦争ではなくて、愛をつくり出そう）」というスローガンで自分たちの特徴を刻みつけました。二一世紀初めに展開された「危険文明」のスローガンはどんなものになりうるのでしょうか。おそらく「make law, not war（戦争ではなくて、法をつくり出そう）」（メアリー・カルドーの言葉）

というものになるでしょう。

別の言い方をしてみましょう。コスモポリタン的なコモンセンス（共通感覚）は生き残っていく必要があるでしょう。わたしたちは国境を超えてお互いにもっとよく知り合わなくてはいけませんし、自分たちを他者の目を通して見ることを学ばなくてはいけません。そして、憎しみとその原因を理解することを学ばなくてはなりませんし、矛盾や不確実性や不安とともに生きることも学ばなくてはなりません。

「ナショナルな利害はナショナルに追求しなくてはいけない」というナショナルな現実政治の原則は、二一世紀の初めにはコスモポリタン的な現実政治の原則に取って代わられる必要があります。その原則によると、政治は、コスモポリタン的なものになればなるほど、よりナショナルで、より実り豊かなものになります。多国間主義的な政治だけが、一国の行為の可能性を広げていきます。世界共通の問題は、存在しないならば、つくり出されなくてはならないものなのです。というのも、そうした問題は、コスモポリタン的な共通性を編み出す助けとなるような戦略の宝庫だからです。平和の保障、福祉の向上、失業、犯罪、経済的、技術的なリスクといった差し迫った問題の解決を図るナショナルな政治の目標は、もはやナショナルな単独行動によってではなく、多国間政治の自覚的に結び付けられた国家間の協力ネットワークによって実現されるものなのです。多くの人の頭のなかを支配しているような、主権をめぐるナショナルなゼロサムゲームは、歴史的に誤ったものとなります。双方が権力を獲得するプラスサムゲームとして、相互の依存関係がとらえられ、深められるのが正しいとらえかたなのです。

新しいコスモポリタン的な現実主義という、一見逆説的に見えるこの根本的な命題は、以下のように理解できるでしょう。「グローバルな危機(クライシス)やリスクの時代においては、超国家的な依存関係という密接なネットワークの創造が貴重な制約となって、『黄金の手錠』とでもいうべき役割を果たし、このことを自覚する政治によってのみ、ナショナルな自立の回復を果たすことができる。同時に、きわめて流動的な世界経済の権力獲得に対するナショナルな自立もそれに伴うのである」。

テロリズムの脅威に対する適切な回答は、「わたしたちの誰もが、どこにいようとも、生き、愛し、夢を見る権利を持っているし、すべての人がこうした権利を持つような世界にあこがれる」ということを唱えるコスモポリタニズムでしょう。テロの危険に対してだけではなく、貧困の苦しみ、民族的な迫害、教育からの排除、不公正、病気、身の危険に対しても闘っていくようなひとつの世界、テロの根が絶たれ、その芽が決して育つことのないようなひとつの世界をわたしたちは目指しているのです。実際にはまさにその反対のことを実現するために、このすばらしい考えを利用し、ひっくり返すのは、裏切り行為だと言えるでしょう。

アメリカでは、「帝国（Empire）」という無価値な概念を、価値ある概念に転ずる奇妙な言説が展開されていきました。その言説によりますと、九月一一日という日は、世界におけるアメリカの参画とプレゼンスが不十分なことを証明しているというのです。これを解決するためには、アメリカの価値（アメリカン・ウェイ・オブ・ライフ）を、もっと毅然として、より効果的に世界中に発信しなければならない、というのです。その背後にある考えは、アメリカ人が国境というもののないひとつの世界で安全に暮らすことができるよう、すべての人間がアメリカ人に変わってしまわなくてはいけないという考えです。

テロの脅威はアメリカの文化的な感受性を深く傷つけ、愛国主義の嵐を巻き起こしてしまいました。この愛国主義によって（内政重視の政策から）、外にいる内なる敵（突然どこでも脅威となりうるテロの危険）を根絶するために、アメリカ政府は外交に積極的に関与するようになりました。テロ攻撃は、アメリカの軍事政策、外交政策に、国家や政党の枠を超えた、国内外の賛成と支持をとりつけるための明確な焦点を構成することを可能にするような、長い間見失っていた敵の像を取り戻すチャンスとなりました。さらに軍事的な視点を優位におくことは、一般的な賛成（あるいは批判）といった曖昧模糊とした状態ではなく、敵か味方かという二者択一的な明確な道筋でもって連合を形成することを可能にします。このようにしてロシアや中国やイランを「テロリズムに対する同盟」としてひとつにまとめるといった具合に、伝統的に敵同士であった国々を新しく連合させるチャンスが開けます。これらのうちどの国もこうして、自国のテロリストに対してははばかることなく、また外国から人権問題で訴えられることなしに、立ち向かうことができるような許可証を同時に手に入れたのです。そのような許可証はこれまで長い間存在しませんでした。

国家が自己拡張していくという、テロの危険によって突如世界に広まった可能性を現実的にとらえるためには、従来の国家間の敵対関係のイメージと、国家ではなく集団やネットワークや個人に主に関係している超国家的なテロリストに対する敵対関係のイメージとを明確に区別することが重要です。このことがまさに超国家性、すなわち脱場所化、脱画一化、脱国家化であり、テロネットワークと、それに対応して場所も集団もフレキシブルな「敵のイメージ」の遍在が、権力に満ち溢れた諸国家のヘゲモニーの固定化と更新を可能にしているのです。鍵となる問いは、「テロに対する戦いにおいて戦争と平和との境界はなくなり、そして最終的に永遠の戦争が喧伝されてしまうのだろうか」、また「誰が、どのような基準で、誰が『超国家的なテロリスト』で、誰がそうでないかを決めるのか」ということになります。現状では、裁判官でも国際裁判所でもなく、強い権力を持つ政府と国家が決めています。そのような政府や国家は裁判所や世論に制御されずに、誰が自分たちにとってのテロリストで、誰が自分たちにとってのビン・ラディンであるのかを決定することによって、自らに全権委任させるようにしています。だからアメリカのジョージ・W・ブッシュ大統領は、イラクとイランと北朝鮮が「悪の枢軸」を構成しており、それゆえそれらの政府を非難し、アメリカや他の国を脅かすような大量破壊兵器をつくる能力を奪ってしまわなくてはいけないと断言してしまうのです。同時に彼は、アルカイダ陣営とそのネットワークは「少なくとも十数か国にのぼる国々に」存在し、したがって「一万人の潜在的なテロリストを殲滅してしまわなくてはいけない」という声明を出しています。その際、アルカイダのメンバーと何らかの形で関連のあるグループや人々のすべてがその数に入れられてしまっていることも少なくありません。「世界のなかでもっとも危険な政府や体制が、世界のもっとも危険な武器でわたしたちを脅かすのを許すわけにはいかない」とブッシュ大統領は言っています。

こうしてブッシュ大統領は、政治的につくり出された「テロの危険」の助けを借りて、アメリカの国民を永続的に動員し、同時に軍事支出の莫大な増加を正当化するための運動を展開するのです。アメリカ大統領が警告を発する際のレトリックは、敵の匿名性をどちらかというと形而上学的な概念で把握しています。敵というものは「悪いやつら」であって、例えばテロリストのグループや彼らを支援する政府を指しているのではありません。その際、テロの脅威の普遍化によって、テロリストのグループが渇望していたグローバルな権力による承認を、彼らが敵から手に入れるという逆説を、大統領は仕方なく受け入れることになります。テロ攻撃が可能か、不可能かということを絶えず新たに世間に知らしめ、明るみに出して、さらに危険性の高いものに対して取りうる手段がいかに少ないか、また国家の対抗防衛の可能性がどれだけ惨めなくらいに小さいかを、繰り返し、おびえた公衆の目の前に巧妙に示すことによって、グローバルな危険の認知は日常の生活と行為の自明な構成要素となっていくのです。

これらの行動にはすべて同じ効果があります。つまり、不安の文化をグローバル化し、内政における社会改革や、次の世代の偉大な発明などをもはや期待しなくなり、世界で生じる新しい危険をあたかも先取りするかのように恐れるようになります。自然と伝統という、あらかじめ所与として存在していた安全が失われたリスク社会においては、不安というものが、共同体の新しくて壊れやすい紐帯となります。わたしたちはそこに不安共同体の敏感さと非合理性が生まれているのを見ますし、そのような敏感さと非合理性は、ラディカルな決着と境界画定の動きにとって極めて有益な土壌になります。テロの脅威を政治的、軍事的に規定することは、これらの不安にはけ口と焦点を与えます。こうして、自分の境界の内部や外部の何者かに対する戦争を支持する波は、絶えず新しく生み出され続けていきます。不安で一杯の人間は、問うことも抵抗することもせず、自分の生活の基盤（自由や権利）に対する侵害を受け入れてしまいます。そのような侵害を求めることなど以前ならば、考えることすらできませんでした。

約二五〇年前にベンジャミン・フランクリンは、「一時的な小さな安全を得るために、本質的な自由を放棄するような人々は自由も安全も得る資格がない」と警告していいます。失われた安全のために自由という代価を支払おうとする気運が高まっているようなグローバル化された不安の文化において、この文章は古い時代の重みを持って響いてきます。

二〇〇一年九月一一日後の政治は、テロの危険が蔓延する時代においては根源的な自由が軽々と犠牲にされてしまうということ、またそうした事態がいかに起こるのかということを証明しています。アメリカは、決して皮肉なつもりではなく、ほかの通信・交通手段と並んでハイテク通信に対しての監視を集中化する「愛国者法（Patriot Act）」を制定しました。この傾向が続いていけば、自由の女神の国ではまもなく盗聴されていないような電話はひとつも存在しなくなるでしょう。また警察にEメールとインターネット接続を監視することが許されるようになるでしょう。アンクルサムは、誰が善玉か悪玉か、そしてどこに善玉と悪玉がいるか見つけるようになるでしょう。世界のすべての国家がこのお手本に従い、電子監視支配という新しい可能性をひらいていったとしても、まったく不思議ではありません。これらのことはすべて反テロリズムの名の下に行なわれ、正当化されるのです。しかし、権力の拡大はあらゆる目的のために利用されるのです。

テロに対するこうした対策がなされていない世界よりも、世界が実際に安全になったのかということについて疑問を持つのは、当然でしょう。また、完璧な監視国家が、国境を超えて地下から行動することを決意した人々を実際に見つけることができるのかどうかということに関しても疑問が持たれるでしょう。不法入国者として密かに送り込まれ、入国するようなテロリストは、ほとんどいません。彼らはすべて合法的な手段で出入国し、自分のパスポートを呈示することができるのです。彼らが入国するのを阻むことができないということも、彼らがそこにいても、テロリストであることを発見したり、その正体を暴いたりすることがほとんどできないということも、わたしたちにはわかっているのです。また、インターネットやそのほかのすべてのコミュニケーション手段が大陸を超えて社会を結びつけるネットワークに組み込んでいくのが、ビジネス関係や友人関係や家族関係だけではないこともわかっています。同じことはテロリストの陰謀にもあてはまります。インターネットの接続が一〇〇万増えるごとに、アクションを起こすための合意をするのに、一定の場所に集まる必要性は減っていきます。この謀議のための集まりは、「流動性の近代（liquid modernity ——バウマン)」という新しいコミュニケーションの流れのなかで、溶解してしまいます。

しかしそれでもなお統治のための議論によって、G・オーウェルの監視国家は超国家的に確立されていきます。ワシントンでは、「圧倒的な脅威に対して、常に人々を動員しなくてはいけない。軍事予算を限りなく計上し、民間人の自由を制限し、それに反対する者は『非国民』であると脅かし、除け者にすべきである」という主張がなされています。近代を擁護するために、近代の根本的価値を廃棄するようなことを行なっているコスモポリタン的な専制政治の前兆から人類を守るのは、いったい誰なのでしょうか。

ウルリッヒ・ベック

言葉が失われるとき——テロと戦争について

二〇〇一年一一月、モスクワにおける国会講演より二〇〇一年九月一一日という日は、人類の歴史に多くのものを残すことになるでしょう。この出来事に直面して、「戦争」「犯罪」「敵」「勝利」「テロ」という言葉は沈黙してしまい、役に立たなくなってしまっていることが、そのなかでも特筆されるでしょう。「概念というものは、かび臭いきのこのように口のなかで朽ち果てていくのだ」という小説家フーゴー・フォン・ホフマンスタール(1)の言葉が思い起こされます。

NATOは同盟決議をしましたが、外側から攻撃されたわけでも、ある主権国家が他の主権国家を攻撃したということが問題になっているわけでもないのです。だから、米国同時多発テロ事件は、第二のパールハーバーではありません。攻撃の矛先は、アメリカの軍事施設ではなく、罪のない民間人に向けられたのです。その犯行は、「交渉」とか、「対話」とか、「妥協」とか、もちろん「平和」などをまるで知らない、ジェノサイドの憎しみの言葉を物語っています。同様に、「敵」という概念自体が、誤解を招きやすいものです。というのも、この概念は、軍隊が戦闘で勝利したり、敗北したり、「停戦協定」や「平和協定」を締結したりするといった概念の世界に由来するものだからです。テロ攻撃もまたひとつの「犯罪」ですが、決して「国内の司法」にとっての犯罪ではありません。かといって、その破壊ぶりが軍事行為と言ってもいいような規模に達する犯行に対しては、「警察」という概念や制度もふさわしくありません。その上、警察は、恐れるものなど何もないテロリスト幹部を駆逐することなどとうていできないのです。その結果、「災厄から民間人を保護する」といったことの意義は失われてしまいます。歴史的に古ぼけてしまっているにもかかわらず、わたしたちの思考や行為をなお支配し続けている諸概念のなかで、わたしたちは生き、思考し、行為しているのです。それでも軍隊が古い概念にとらわれて、例えば全面空爆をするというような従来の手段を取るならば、それは反生産的な行為となってしまう恐れがあります。そうすると何人ものビン・ラディンを新たに生み出すだけでしょう。

何か月も経ったいまでもなお、この自爆テロ攻撃は理解し難いものです。戦争と平和、軍隊と警察、戦争と犯罪、国内治安と対外安全保障、さらにはまったく一般的な国内と国外といったわたしたちの世界像の支柱となっている区別は、なくなってしまいました。例えば、ドイツの国内治安を、アフガニスタンのもっとも奥深い谷で防衛しなくてはいけない[2]ということを誰が考えてみたでしょうか。再び「防衛する」という誤った概念を使ってしまいました。防衛と攻撃との区別も、もはや明瞭ではないのです。いまでもなお、「アメリカは国内治安を、アフガニスタンという他国の領土で

『防衛』しているのだ」と言うことは可能でしょうか。これらの概念のすべてが誤っているのだとしたら、そして、この現実に直面してわたしたちの言語が役に立たなくなっているのだとしたら、それではそもそも何が起きたと言えるのでしょうか。誰もそれはわかりません。しかし、わからないからといって、沈黙してしまうのが、もっと勇気があることなのでしょうか？　ニューヨークの世界貿易センターの爆発の後には、「おしゃべりな沈黙[3]」と、意味を伴わない行為が爆発的に増えています。フーゴー・フォン・ホフマンスタールをもう一度引用しましょう。「現実をいままでの単純なまなざしで把握することはできない。すべてのものが断片化し、断片化したものがさらに断片化し、何もひとつの概念でつかみ取ることができなくなっている。ばらばらになった言葉が、わたしの周りを浮遊し、目の前で凝固し、わたしを見つめ、そしてわたしはその言葉を再び覗き込まなくてはいけないのだ[*1]」。

　言葉のこの沈黙を、もういい加減に打ち破らなくてはいけません。沈黙は、もはや許されないのです。個々の概念の沈黙を少なくとも指摘して、概念と現実との距離を見きわめ、わたしたちの文明社会の行為から生まれた新しい種類の現実に慎重に理解の掛け橋を架けるのに成功すれば、おそらく多くのものとはいえなくても、ある程度のものは獲得することができるでしょう。

この講演で、わたしは、世界リスク社会の概念[4]を説明し、この地平において、一連の概念を批判し、新しく規定することを試みたいと思っています。その概念とは、第一にテロと戦争という概念、第二に、経済のグローバル化と新自由主義という概念、ならびに、第三に、国家と主権という概念のことです。

1 世界リスク社会とは何を意味しているのか

チェルノブイリや異常気象や、人体遺伝学を巡る論争やアジアの金融危機といったさまざまな出来事や脅威と、いまわたしたちが直面しているテロの脅威に共通するものは何でしょうか。それらは、いずれも言語と現実との乖離を表しているのですが、わたしはその乖離そのものを「世界リスク社会」と呼んでいます。わたしがこの言葉にどのような意味を持たせているのか、ひとつの例で説明しましょう。[*2]

数年前アメリカの議会が、ある科学委員会に、アメリカの放射性廃棄物の最終処分場の危険性を説明できる言語、もしくは記号を開発するように要請しました。そこで問題となったのは「一万年後に生きている人たちに、同じメッセージを伝えるための概念や記号は、どのようなものでなければいけないのか」というものでした。

委員会は、物理学者、人類学者、言語学者、脳科学者、心理学者、分子生物学者、考古学者、芸術家などから構成されていました。彼らは、まず次のようなささいな問いを明らかにしなくてはいけませんでした。一万年後にもアメリカはそもそもまだ存在しているのだろうか。答えは、その政府委員会にとって当然簡単なものでした。「アメリカ合衆国は永遠である」。しかし、一万年を超えた未来と対話を始めるのは、今日どのようにして可能なのかという本質的な問題を解決することはできないということがしだいにわかってきました。人類が遺したもっとも古い記号にお手本を求め、ストーンヘンジ（紀元前一五〇〇年）やピラミッドの構造について調べ、ホメロスや聖書の受容の歴史について研究し、それらの記録の寿命についての説明がなされました。しかし、それらもせいぜい数千年に遡るもので、一万年に及ぶようなものはなかったのです。人類学者たちは、どくろを記号として使うことを薦めました。しかし、ある歴史学者は、錬金術師たちにとっては、どくろは再生復活を意味しているとしましたし、またある心理学者の説明によると、三歳の子どもたちに実験をし、どくろの印を瓶に貼り付けると、子どもたちは「毒だ」と不安そうに叫び、同じ印を壁に貼り付けると、喜んで「海賊だ」と言ったそうです。

あらゆる種類の警告が含まれるセラミックと鉄と石のプレートをつくり、文字通り、最終処分場の周りの土地をそれで舗装するよう提案した科学者もいました。けれども、言語学者たちの判断は、「それは、最長でも二〇〇〇年しか理解されないだろう」ということで一致しました。委員会が見せた学問的な正確さが、まさに世界リスク社会という概念が何を表し、何を明らかにし、そして何を理解することを可能にするのか示したのです。一定の技術を利用するためにわたしたちが世界に放った危険を将来の世代に伝えるという課題に対して、わたしたちの言語は応えてくれないのです。現代の世界では、わたしたちが思考し、行為する際によりどころとしている数量化可能なリスクを扱う言語と、同様にわたしたちがつくりあげたものである、数量化することのできない不確実性の世界との隔たりが、科学技術の発展とともにますます拡大しています。核エネルギーについての過去の決定、そして遺伝子工学や人体遺伝学やナノテクノロジーやコンピューター科学の利用に関する現在の決定によって、わたしたちは、予見できず、制御不可能な、それどころかコミュニケーションを取ることが不可能な結果をもたらし、そのことによって地球上の生命を危険にさらしているのです。

それでは、リスク社会において新しいこととは一体何なのでしょうか。わたしたちが生きている現代社会に限らず、すべての社会、すべての人間、すべての時代が、いつも危険に取り巻かれ、そこから自分たちを守るために社会というものがまとまったのではないでしょうか。リスクの概念は、近代の概念です。それは、決定というものを前提とし、文明社会における決定の予見できない結果を、予見可能、制御可能なものにするよう試みることなのです。例えば、喫煙者のガンのリスクはこれぐらい高いとか、原発の大事故のリスクはこれぐらいであるとかいう場合には、リスクというものは、ある決定のネガティブな結果ではあっても、回避可能なものであり、病気や事故の確率に基づいて計算することが可能なものです。したがって、それは天災ではありません。世界リスク社会の新しさとは何でしょうか。それはつまり、わたしたちが文明社会の決定によって、結果として、地球規模の問題や危険をまき散らしていることとなのです。それらの問題や危険は（チェルノブイリ原発事故や米国同時多発テロなどの）全世界の人々の目に明らかになった大惨事に見られるように、それらをコントロールできるという公にされた言葉や約束とはまったく相容れないものです。世界リスク社会が政治的に爆発してしまう可能性はまさにここにあります。その可能性の核心は、マスメディアで公開されていることや政治や官僚制や経済にあり、必ずしもそれが起こった場所にある訳ではありません。政治的な爆発が起こる可能性は、リスクについて語ってきたこれまでの言葉、つまり死傷者数や、自然科学の公式で記述したり、測定したりすることはできません。隠喩が許されるのならば、それは現実との接触によって、責任や合理性要求や正当性がそのなかで「爆発」してしまうことなのです。いま明らかにされた危険が意味するのは、危険を制御することを自らの正当性のよりどころとするような諸制度が機能していない、ということです。こうして、グローバルな危険の「社会的誕生」は、劇的で、トラウマを呼び起こし、世界社会を震撼させるような信じがたい出来事となります。

　マスメディアで伝えられた衝撃的な経験において、一瞬にして、言葉の沈黙が、もしくはゴヤのエッチングのタイトル[5]を引用するならば、理性の眠りが、怪物を生み出していることが認識されるでしょう。

世界リスク社会では危険の次元が三つに区別できます。それらの次元は、それぞれが異なった種類の葛藤の論理に従い、別のテーマを提起したり、排除したり、優先順位をひっくり返したり、あるものに優先権を置いたりしています。その三つの次元とは、第一に生態系の危機、第二に世界的な金融危機、第三に同時多発テロ以降の国境を超えたテロネットワークによるテロの危険性のことです。この危険の三つの次元には、その違いにもかかわらずすべて、世界リスク社会特有の政治的なチャンスと矛盾の共通のモデルが存在します。神や階級や国家や政府に対する信仰が失われていく時代において、危険のグローバル性を認め、受け入れることは、新しい世界政治のチャンスを切り開く連帯の約束をもたらします。テロ攻撃により、各国はより接近し、グローバル化とは、暴力的で病的な破壊欲求に対する、世界規模の運命共同体が生まれることなのだという理解が深まります。それでは、グローバル化の時代における政治はいかにして可能なのでしょうか。わたしの答えは、危険のグローバル性を認知することによって、国際政治と内政の固定したように見えるシステムが流動化し、つくり替え可能なものになるということです。この意味で恐怖というものが、擬似革命的な状況をつくり出しますが、そのような状況は様々な仕方で利用することができます。

繰り返し問われ、議論されてきたことがあります。それは、何が世界をひとつにすることができるのかというものです。実験的な答えとしては、火星からの攻撃をあげることができます。今回のテロは「内なる火星」からの攻撃なのです。歴史上ほんの一瞬にして、ばらばらで敵対してきた陣営と国家が統一し、グローバルテロリズムという共通の敵に立ち向かうことになります。

テロの脅威が世界中の国々で普遍化されたことによって、グローバルテロに対する戦いが政治なるものの挑戦課題となり、敵対的な陣営を超越した連合が新たに形成され、地域紛争が食いとめられ、そのことによって世界政治のカードが新たに繰られるようになります。つい最近まで、国家によるロケット防衛システムの計画が、ワシントンの政治的思考と行動をまだ支配していました。しかし、今はもはやそれについて語られてはいません。その代わりに、もっとも完全なロケット防衛システムでさえこの攻撃を防ぐことができなかっただろう、つまりアメリカの国内安全保障は、決して一か国の単独行為によってではなく、グローバルな連合においてのみ保障されるだろうという洞察が広まっているように思われます。この連合において、冷戦中、敵であったモスクワとワシントンの関係は、特に重要な位置を占めています。世界リスク社会において、アメリカの一か国主義は挫折するでしょう。一方での国家の野心と他方での協力への強制が、世界リスク社会における諸国家間の良い関係を促進していきます。CIAとペンタゴンの単独行動によって、世界の残りを敵に回して、ビン・ラディンを捕まえるということは、アメリカにはできません。世界リスク社会においては、ロシアがお願いをする立場から言い寄られる立場に変わるような多国間主義が余儀ないものとなります。グローバル化したテロの挑戦に直面して、攻撃の的とされた文明化された近代の側に、迷うことなく立つというロシア大統領の決定は、グローバル連合の多極化した力関係における重要なパートナーとして、権力と関係構築の新しいチャンスを自分自身に与えたのです。ヨーロッパ内部での対立関係もゆらぎ、民主主義と自由の未来は協同することによってのみ保障されるという洞察が広まっています。欧州懐疑論者には、なんといやな時代でしょうか。また、逆にヨーロッパ世界にイギリスが参入するのには、なんと良い時代なのでしょうか[6]。

もちろん、テロに対する戦争がひそかにイスラムに対する戦争へと転換され、テロに勝利する戦争ではなく、テロを培い、テロを増やす戦争に拡大してしまうという危険性には目を向ける必要があるでしょう。そうなってしまうと、さらに大切な自由が奪われ、保護主義とナショナリズムが新たに生まれ、異文化の人たちが悪魔化されてしまうことになります。

別の言い方をするならば、わたしたちが認識している危険のグローバル性は、二重の顔を持っていることになります。そのグローバル性は、政治的リスク共同体の新しい形式をつくり出し、そして同時に危険にさらされる人々に、地域格差を生み出すことになります。例えば、世界規模の金融市場の崩壊や各地域の気候帯の変化が、様々に異なる形で作用するにしても、原則的に誰もが危険にさらされており、問題の克服のためにはグローバルな政治的な努力が必要であるということに変わりはありません。だから、気候温暖化のような地球規模の環境問題は、「運命共同体」としての（現在と将来の世代）の地球市民の自己認識を促進するでしょう。しかし、このことは決して葛藤なしに起きるわけではありません。つまり、先進国がエネルギー資源の大部分を不当に自分自身のために利用していながら、発展途上国に熱帯雨林のような地球上の重要な資源を保護すべきだと要求することは、どの程度正当性のあることなのかという問いが出されるような場合です。けれども、こうした葛藤は連帯をもたらすでしょう。というのも、それを通じて、これらの問題に対してはグローバルな解決が必要であり、しかもそれは戦争によってではなく、交渉によってのみ見出されうるのだ、ということを強く認識させるからです。

　しかし、だからといって世界リスク社会の挑戦に対して、ただひとつの答えがあると言っているわけでは決してありません。世界リスク社会に至る道が、ヨーロッパ諸国、ヨーロッパ文化と非ヨーロッパ諸国、非ヨーロッパ文化とでは異なっているように、世界リスク社会から抜け出す道も異なりうるし、将来にわたっても異なるでしょう。この意味で、将来には多数の近代が並存しているであろうことが今日すでにわかってきています[7]。アジアの近代をめぐる、もしくは中国やロシアや南米やアフリカの近代をめぐる議論は、ようやく始まったばかりです。世界リスク社会においてヨーロッパによる近代の独占が最終的に崩壊したことが、この種の議論から明らかになります。そのように見ると、「過度の個人主義」や「文化的アイデンティティと尊厳」の喪失、つまり「世界のマクドナルド化[8]」に対するヨーロッパ以外の地域のラディカルな近代批判は、近代の単なる拒否ではなく、むしろ西洋近代モデルに選択的に依拠して別の近代を企画し、ためしてみることだというのが明らかでしょう。

「世界リスク社会」というものの日常経験空間は、したがって万人の万人に対する愛情関係によって生まれるわけではないのです。それは、文明世界による行為のグローバルな結果としてわたしたちが認識する惨状において生まれるのです。グローバル化のこうした結果をもたらしている原因が、情報技術ネットワーク化なのか、大量の金融の流れや天災や文化的シンボルや、恐ろしい異常気象やテロの脅威なのかどうかは関係ありません。一方では、言葉の沈黙を打ち破り、自分の生活連関におけるグローバル性を、痛みを伴って意識させ、他方では、新たな対立の方向を示し、同盟を生み出すということが、世界リスク社会における自己再帰性なのです。自分が危険にさらされていることについて、たえず語り合うことによってのみ、自らを保つことができるのだ、ということを近代国民国家は学んできました。このことは、世界リスク社会においても同じだと思われます。

それでは、わたしの第二の問いに移りましょう。それは、世界リスク社会の地平において「テロ」と「戦争」についての概念の意味は、どのように変わるかというものです。

2 テロと戦争

「テロリスト」という概念もまた、その脅威の新しさに対して、目をふさがせるものです。というのも、「テロリスト」というと、自爆犯や大量殺人犯とはまったく別の動機にもとづく民族解放運動と、あたかも動機を同じくするものであるかのようにきこえてしまうからです。西洋の観察者にとってまったく理解できないのは、狂信的な反近代主義、反グローバリズムと、近代的なグローバル思考並びに行動が、ここでいかに直結しているかということです。

ハンナ・アーレントは、ファシストの大量殺人者アイヒマンを洞察して、「悪人の卑俗性」という言葉をつくり出しました。(9) 同じように、ちゃんとした家庭感覚を持ちながらも、この上なく悪辣なテクノクラートというものを想像することはできますが、西洋で結婚してドイツの工学士の資格を持ち、ウォッカを好み、他方で、何年もかけて極秘裏に集団自殺を大量殺人として、技術的に完璧な形で計画し、血も涙もなく実行するような宗教テロリストを想像することはわたしたちにはできません。[10] 完璧に近代に根ざしてはいるが、同時に古代的でもある悪人のこの自己喪失性は、どのように理解したらいいのでしょうか。

これまで、軍が標的にしていたのは、自分と同レベルのもの、つまり国民国家の軍事組織とその防衛施設でしたが、現在ではその標的は、国家の下位に属しながらも、全世界を相手どった超国家的な犯行者やネットワークの脅威なのです。文化の領域で以前経験したように、そのことによって、軍事の領域においても距離というものが消滅し、それどころか文明世界では、国家による暴力の独占が終わりをむかえます。そういう世界では結局、迷うところのない狂信者の手にかかると、すべてのものがロケットになりうるわけです。市民社会の平和なシンボルが、地獄の道具に転換されることもあります。このことは、「原則としては」新しいことではありませんが、いまや本質的な経験として、至るところに存在するようになっています。

ニューヨークの恐ろしい画像によって、一撃でテロリストグループは、国家や経済や市民社会と互角のグローバルな行為者として自らを印象づけました。テロリストのネットワークは、あたかも「暴力のＮＧＯ」のようです。非政府組織（ＮＧＯ）と同じように、彼らは脱領土的に、脱中央的に、つまり一方では地域的に、他方では国家を超えて行動します。例えば、グリーンピースが環境問題で、アムネスティ・インターナショナルが人権問題で、国家に対抗しますが、テロリストのNGOは国家の暴力の独占を不可能なものにします。しかし、このことは以下のようなことを意味しています。一方では、この種の国家を超えたテロリズムは、イスラムのテロリズムに限定されず、ありとあらゆる目標やイデオロギーや原理主義に結び付きうるということ。他方では、領土と国家に結び付いた民族解放運動のテロと、脱領土的に国境を超えて行動し、その結果、一撃で軍隊と戦争の国家統制力の価値をなくしてしまうような新しい、国境を超えたテロリストのネットワークとを峻別しなければいけない[11]ということです。

以前のテロリストたちは、自分の命が助かるような形で犯行に及んでいました。自爆テロリストたちは、自分自身の命を意図的に犠牲にすることによって、すさまじい破壊力をもたらします。自爆犯は、ホモ・エコノミクス[12]のいわば正反対の像となっています。経済的にも、道義的にもまったく抑制がなく、その点で極めて残忍な行為者です。自爆犯とその犯行は、厳密な意味で単独のものです。ひとりの犯人が、自爆行為を二度重ねることはできませんし、犯行を立証するために国家の官庁を必要としてもいません。この単独性は、犯行と自白と自己抹消の同時性によって決定付けられています。

正確に言うならば、自爆テロリストたちの犯行を立証するために、国家は彼らを捜査する必要はないのです。犯人たちは、自分で犯行声明を出し、自己を裁きました。ニューヨークとワシントンの犯人たちは自爆してしまったわけですから、反テロ連合は犯行者たちを捕まえようとはせずに、その「黒幕」、「陰で操る人間」、支援国家と思われるものを捕捉しようとするのです。しかし、犯人が自分自身を裁いた時点で、因果関係は失われ、消えてなくなってしまいます。というのも国家を超えたテロネットワークをつくりあげるためには、国家は欠かすことができませんが、まさに国家の喪失が、すなわち機能する国家構造が存在しないことこそが、テロ活動のための腐植土を提供しているのではないでしょうか。テロの指令をしている国家や黒幕に責任を帰することは、軍事思考に由来しているのでしょう。もはや国家のみが国家に対して戦争をするのではなく、諸個人が国家に対して「戦争」をしかけることができるという戦争の**個人化**[13]の一歩手前まで、わたしたちは到達しているのではないでしょうか。

わたしたちの文明のもろさ、テロの危険に対するグローバルなマスメディアの存在、この犯人たちによって「文明」が脅かされているというアメリカ大統領の捉え方、自分自身を抹消してしまう犯人たちの態度といったような一連の条件とともに、テロ行為の力は増していき、最終的には技術的な進歩とともに、テロの危険は際立って多様化していきます。遺伝子工学やナノテクノロジーやロボット工学といった未来型の技術によって、わたしたちは「新しいパンドラの箱」(ビル・ジョイの言葉)を開けてしまいます。遺伝子操作やコミュニケーション技術や人工知能は互いに手をとり合い、国家による暴力手段の独占をかいくぐり、国際的に有効な手立てがなされない限り、最後には戦争の個人化に道を開くことになってしまいます。

比較的長い潜伏期間を経て、一定の人々をターゲットにして脅かす、遺伝子技術により開発されたペスト、つまり遺伝子工学の技術で開発されたミニチュア爆弾は、それほど手間暇をかけなくてもつくることができます。これは、多数ある不測の事態の一例にしかすぎません。それらの技術と核兵器や生物兵器との差異は、驚くべきものです。ここでは簡単に広めていくことができ、絶えず自己革命していくような科学に、基づく技術革新が中心となっていて、その結果、核兵器や生物・化学兵器の場合は一定の物質や資源（軍事利用可能なウランとか高価な実験場）によって保持されていた国家による制御や独占が不可能になってしまいます。国家よりも個人にこのような大きな力が与えられると、政治的に新たな時代が始まることになるでしょう。軍隊と市民社会との間のこれまでの壁が取り壊されるだけではなく、罪のない人と罪のある人との間の壁、容疑者と容疑のない人との間の壁もなくなってしまうでしょう。これまで法がこれらのことを、はっきりと峻別してきました。しかし、戦争の個人化が差し迫っているときは、市民は自分が危険な人物ではないことを証明することが必要になるでしょう。というのも、この条件下では最後には、誰もが潜在的なテロリストでありうるという疑いをかけられるからです。したがって、誰もが何ら具体的な容疑がないにもかかわらず、「治安のために」管理されることを甘受しなくてはいけないようになります。戦争の個人化は、最終的には民主主義の死をもたらすことになります。各国政府は、その市民たちによってもたらされる危険を取り除くために、他の政府と結び付き、市民に対抗するようになります（逆に市民も各政府に対抗するようになることでしょう）。

最終的には、テロリズムをめぐるこれまでの論争で前提となってきた価値づけ、すなわち、「良い」テロリストと「悪い」テロリストとの区別がなくなってしまうことも考えられます。つまり、尊敬されるナショナリストと、軽蔑されるべき原理主義者との区別がなくなってしまいます。国民国家の近代という時代においては、そのような評価や区別はまだ正当化されたかもしれませんが、テロの広がった世界リスク社会においてはそれらの評価や区別は戦争の個人化に直面して、道義的にも政治的にも倒錯してしまうことになります。

この挑戦に対して政治的に一体どのように応じることができるのでしょうか。ひとつの原則をわたしは挙げたいと思いますが、それは法の原則ということです。つまり、国民国家の文脈では犯行の被害者が、原告と裁判官と行政の役割を同時に引き受けることは、文明化された世界の法感覚に背きますが、国際関係においてもこの種の「私刑」をなくす必要があります。たとえ、国家間の関係がまだそこまで到達していないにしても、テロに反対するグローバルな同盟は、法に基づいてつくられなくてはいけません。そこから、以下の結論が出ます。テロに反対する国際的な協定がつくられ、批准されなくてはいけません。また、その協定は、概念を宣言するだけではなく、テロリストの国家を超えた追及に法的基盤を与え、統一的で普遍的な法空間をつくり出し、とりわけ国際司法裁判所の規約を、アメリカも含めすべての国家が批准しなければいけない(14)ということを前提としています。*3 その目標は、人類に対する犯罪としてテロを世界中どこでも罰することができるようにするということです。この協定を拒否する国家は、あらゆる国家が団結して制裁を加える可能性を覚悟しなくてはいけません。ここにおいてこそ、ヨーロッパとロシアがその独自の歴史的な背景から習得したことをもとに、テロとの戦いを軍事の力学とは別の方向で勝利に導き、グローバルな連合のなかで自らの政治的な立場を際立たせることができるのではないでしょうか。

そこで、わたしの第三の問いです。それは、世界リスク社会の地平において、「経済のグローバル化」と「新自由主義」の概念は、どのように変化しているのかというものです。

3 経済のグローバル化と新自由主義

あるひとつの逸話から話を始めましょう。グローバル化という言葉を聞くと、わたしの目には次のような政治的な風刺画がすぐに浮かびます。スペインの征服者たち（コンキスタドル）[15]が、馬や武器といった軍事力を威光として、新世界に侵入します。「われわれがやってきたのは……」とその風刺画のセリフには書いてあり、以下のように言葉が続きます。「お前たちと、神や文明や真実について語るためだ」。先住民のグループがあ然として次のように答えます。「それはわかるが、お前たちは何を知りたいのだ」。

この光景は、容易に現在に移し替えることができます。ソ連崩壊後のモスクワにおいて、国際線の飛行機から世界銀行や国際通貨基金で働く経済の専門家や、財閥のトップたちや法律家や外交官が降りてきます。「お前たちと民主主義や人権や自由市場経済について語るために、お前たちのところに来たのだ」というセリフを彼らは言います。迎え入れた代表団は、次のように答えます[16]。「それはわかるが、しかし、ドイツ人は街角での外国人に対するあからさまな暴力について、どのように取り組んでいるのだ」。

おそらくこの風刺画は、昨日まではあてはまっていたが、今日ではもはやあてはまらない状況を表しているのでしょう。テロ攻撃や炭疽菌の危険は、もはや隠しておくことのできない次のような問いを投げかけます。経済というものの勝利はすでに終わってしまったのだろうか。政治の優位が再発見されるのだろうか。つまり、とどまることがないかに見える新自由主義の凱旋は、突然、終わりをむかえたのだろうか。

実際にグローバルなテロの勃発は、グローバル化にとってのチェルノブイリに相等しいものです。核エネルギーによる恩恵と同じように、新自由主義が約束していた救済も葬り去られてしまいました。自爆犯であると同時に大量殺人犯でもある人たちは、西洋文明のもろさを発見しただけではなく、同時に経済のグローバル化がどのような対立をもたらすのかという予感を与えました。グローバルなリスクが蔓延する世界において、政治と国家を経済に取り替えるという新自由主義のスローガンは、急速にその信憑性を失いつつあります。

ここで、特に象徴的なのは、アメリカにおける航空安全の民営化です。このことについては、これまで積極的に取り上げられてはいません。というのも、九月一一日の悲劇は部分的には自らの選択で起こったことだからです。アメリカのもろさは、その政治哲学に極めて密接に関係しています。アメリカは、公共の安全の代償を払うのをいやがる徹底した新自由主義国家になっています。アメリカがテロ攻撃の目標であるということは、はじめからわかっていました。にもかかわらず、アメリカでは航空機の安全は民営化され、非常にフレキシブルなパート労働者による「奇跡的な就業の創出」[17]によって実現されました。しかし、彼らの賃金は、ファストフード店の従業員以下、時給約六ドルというものなのです。国内の民間人の安全を守るシステムのこの監視ポジションの中枢が、わずか数時間しか「職業訓練」を受けず、在職期間は平均して六か月にも達しない人々によって占められています。テロを防止するためにすべての市民の基本権を制限し、そのことによって法治国家と民主主義を危険にさらす前に、航空の安全を国が管理し、専門職化するというようにもっと当たり前のことを行なうべきです。[18]このことは数ある問題の一例にしかすぎません。

これもまたアメリカの新自由主義的な自己認識です。一方で、国家は一銭でも出し惜しみをし、他方で規制緩和、自由化、民営化の三側面を推し進める。このような自己認識がテロに対するアメリカのもろさを条件付けているのです。この認識が徹底するにつれて、新自由主義が近年、思考や行為においてにぎってきたヘゲモニーが崩壊します。この意味で、ニューヨークの恐ろしい画像には、まだ解読されていないメッセージが含まれていることになります。そのメッセージとは、あるひとつの国家、あるひとつの国が死に至るまで、自分を新自由主義化しうるということです。

世界中の大新聞の経済論説委員はこのことを危惧し、以下のように論評しています。「九月一一日以前に真実であったことは、九月一一日以降も間違いではありえない。別の言葉で言うならば、新自由主義モデルは、ほかにそれに取って代わるものがないので、テロ攻撃の後も広く受け入れられるであろう」。しかし、まさにこのことこそが間違いなのです。この言葉には、現状とは別の可能性を思い描くことができない人々の思考法が表現されています。新自由主義は、明白な対立や危機が生じないときにのみ機能する、いわばお天気頼みの哲学であるという不評をいつも買っていました。新自由主義の掟によると、こういうことになります。つまり、国家や政府の過剰さこそが、また、官僚制による規制こそが、失業や世界規模の貧困や経済崩壊の原因である、と。新自由主義の勝利は、国家から解き放たれた経済と市場のグローバル化が人類の大きな問題を解決し、エゴイズムの解放によって、不平等に対する戦いが世界規模でなされ、グローバルな公正さに対する配慮がなされるという期待によって可能になっているのです。しかし、市場の救済力に対する資本主義原理主義者のこの信仰は、少なくとも今日では危険な幻想であることが明らかになりました。

危機の時代において、新自由主義は明らかに、いかなる政治的な答えも持ち合わせていません。崩壊が差し迫っているときに、グローバル化の結果生じる問題を修正するために、苦い経済学的な薬をさらに苦くするといった理論は幻想で、いまそのつけがまわってきています。テロの脅威は、反対に新自由主義の進展が抑圧してきた次の基本的な真理に気付かせます。それは、世界経済を政治から切り離すことは不可能だということです。国家と公共サービスなしに、安全はありません。課税というものなしに、国家はありません。課税というものなしに、職業教育や実際にお金を支給できる健康保険や社会保障はありません。課税というものなしに、民主主義はありません。公共性や民主主義や文明社会なしには、正当性というものはありません。逆に、正当性なしに安全性というものもありません。ここから次のような結論が出ます。法によって統制された（つまり承認された、暴力によらない）紛争調停の専門組織や形態なしには、国家をベースにするにせよ、将来はグローバルなものをベースにするにせよ、最終的には、それがどんな形であろうとも、世界経済は存在しえないのです。

それでは、新自由主義に代わるものはあるのでしょうか。それは、決して国家主義的な保護主義ではありません。自由な世界経済における危機と対立の可能性を適切に制御できる拡張された政治概念を、わたしたちは必要としています。また、この転換を自分たちの責任として引き受けるようなアクティヴな文明化社会や市民社会や社会運動に対する理解を、わたしたちは必要としています。ソ連崩壊後という時代の、この転換にヴィジョンや飛躍の力を与える運動は、ロシアや東欧のどこに存在するのでしょうか。結局世界に開かれるための上からのヨーロッパが存在しないのと同じように、上からのロシアというものも存在しません。

放縦な資本の流れに対するトービン税[19]は、ヨーロッパや世界の諸政党でますます要求されつつありますが、これはそのためのプログラムの最初の一歩でしょう。新自由主義は、経済が国民国家という容器から抜け出し、国家を超えて独自の規則をつくり出すということにこだわってきました。同時にそれは、国家がこれまでの役割を果たし、国境を維持していくことを前提としていました。同時多発テロの後では、いまや国家自体が国家を超えた協力の可能性と力を発見しています。当面はそれは治安問題の分野に限られているかもしれませんが。突然、新自由主義に対する対抗原理、国家の必要性が再び至るところに見られるようになっています。確かに、この原理はもっとも古いホッブズ的な変形、つまり安全の保障ということです。法や警察権力という観点から考えると神聖な国家主権を超えることになってしまう、ヨーロッパ主権の逮捕状の発行は、すこし前までは考えることもできませんでしたが、まもなく実現されることになっています。しかし、近く起こりそうな世界経済の危機に際しては、おそらくこうしたことをすぐに体験するでしょう。経済は、新しい規則と基本条件に適応したものでなければなりません。誰もが個人として他者と同じように最善をつくすことができるし、またそうするであろうという時代は、明らかに終わったのです。

グローバル化に対するテロリストの抵抗は、この点で彼らが目標としたもののまさに反対の事態をもたらす働きをしました。それは、政治と国家のグローバル化の新たな時代を切りひらくことになったのです。つまり、ネットワーク化と協力を通して、国境を超えて政治的なものが構想されることになったのです。このようにして、公的には一度も認識されることのなかった、グローバル化への抵抗こそが（自発的であろうと、非自発的であろうと）グローバル化のモーターの速度を速めるという奇妙な法則性が確認されることになったのです。このパラドックスを理解することが重要です。つまり、グローバル化とは、その遂行がそれに対して賛成か、または反対かというふたつの対立する道を通して進められていく不思議な過程を表す名称なのです。グローバル化に反対する人たちはみんな、グローバル化に賛成する人たちと、グローバルなコミュニケーション手段を共有しているだけではありません。反対する人たちは、賛成する人たちと同様に、グローバルな法律、グローバルな市場、グローバルな移動、グローバルなネットワークを基盤として、活動します。グローバルな公共性や注目を与えてくれるようなもろもろのカテゴリーを用いて、グローバル化に反対する人たちも思考し、行動しているのです。例えば、九月一一日のテロリストたちが、ニューヨークの自分たちの犯行をいかにテレビ放映にふさわしく、惨事や大量殺人をライブ中継するよう正確に演出したかを考慮してみてください。ロケットと化した旅客機による二番目のビルの破壊が、至るところに置かれたテレビカメラを通じて、ライブで世界中に中継されることを、彼らは想定することができたのです。

グローバル化が、テロ攻撃の原因ということになってしまうのでしょうか。それどころか、批判的な人から見れば、テロ攻撃はこの世界の隅々までも平板にならしてしまうような新自由主義というロードローラーに対する納得のいく反応ということになるのでしょうか。いいえ、テロ攻撃は極めて迷惑で悪質な行為です。どのような原因も、どのような抽象的な理念も、どのような神も、この攻撃を正当化することはできませんし、免罪することもできません。グローバル化というのは、引き返すことのできないアンビバレントな過程です。より小さく、より弱い国々が自給自足政策を放棄し、世界市場に自らを合わせるようになっています。ドイツ連邦首相のウクライナ訪問において、現地の大新聞はどのような見出しを付けたでしょうか。それは「われわれはドイツ騎士団[20]を許し、投資家に期待する」というものでした。実際、外国の投資家に踏み潰されるよりもさらに不都合なことは、外国の投資家に踏み潰してさえもらえないということなのです。しかし、経済のグローバル化をコスモポリタン的な意思疎通の政治と結び付けることが必要です。人間の尊厳、その文化的アイデンティティ、他者の異質性を、将来はより真剣に受け止めるようにしなくてはいけません。したがって、テロに反対する連合に新しい柱を立て、いわば文化の掛け橋を架けること、つまり国内でも国外でも文化間の対話を進め、特にイスラム世界や、自分をグローバル化の被害者とみなしているいわゆる第三世界、第四世界の国々との対話を進めるのは、大切なことではないでしょうか。そして、ここでは文化的に開かれたヨーロッパ、とりわけドイツが先駆的な役割を果たしうるのではないでしょうか。というのは、ドイツは植民地宗主国としての過去の負担が比較的少なく、しかしホロコーストの経験によって対話をする義務を心得ているからです。

次に、第四番目で最後の問いがなされます。世界リスク社会の時代において「国家」と「主権」という概念は、どのように、そしてどの程度変わるのでしょうか。

4 国家と主権

結論から先に言いましょう。テロ攻撃は国家というものを強化します。しかし、その本質的な歴史的形態の価値を低下させます。その形態とは、国民国家のことです。国家の安全は（これが、テロ攻撃の大きな教訓なのですが）、特定の場所に限定されないリスクの時代にあっては、もはや国家の安全ではないのです。確かに、いつも同盟はありました。しかし、決定的な違いは、今日ではグローバルな同盟が対外安全保障のためだけでなく、国内治安のためにも必要だということです。以前は、外交は選択の問題であり、必然的なものだとは考えられていませんでした。それに対して、今日ではこれまでと違った形で、その両方が求められるようになっています。つまり、外交と内政、国家の安全と国際的な協力は、互いに直接関連し合っているのです。グローバルになったテロ（このほかにも金融危機、異常気象、組織化された犯罪）の脅威を前に、国家の安全のために取られる唯一の道は、国家を超えた協力です。すると、次のような逆説的な原則が適用されることになります。諸国家は、自国の利益のために、脱国家化しなくてはいけないし、超国家化しなくてはいけません。つまり、グローバル化された世界において自分のナショナルな問題を解決するために、自己決定権をある程度、放棄しなくてはいけないのです。統治するために行為と主権の新しい可能性を拡大すること、つまり政治的な主権と制御力を拡張することは、自らを積極的に「脱国家化」することを代償にして可能になるのです。国家の自己決定権の縮減と国家主権の増大[21]とは、論理的に決して排除し合うものではなく、それどころかお互いに強め合い、進展を助け合うものなのです。これまで帝国や大国や植民地主義や経済・文化帝国主義や独立した国民国家や軍事ブロックに適用されてきたゼロサムゲームの論理[22]は、その説明力を失うことになります。

このことから、主権と自己決定権とを区別するのが重要になります。国民国家は、主権と自己決定権との等置を基盤としてきました。この考え方においては、経済的依存や文化的多様化や国家間の軍事的、法的、技術的協力が、自動的に自己決定権の喪失や主権の喪失をもたらすことになります。もちろん、政治的に存在感を示す力の度合いによって主権を測るならば、つまり、ある国家がどの程度、世界政治の舞台で個性や影響力を発揮し、市民の安全と裕福さを増大させるのに成功するのかということによって判断するのであれば、密接な関係と協力の結果として、つまり自己決定権の縮減の結果として、主権を獲得することになります。別の言葉で言うならば、ロシアのような国家の世界的な評価は、もはや（冷戦のときのように）、対立図式によってではなく、協調する能力と才覚や、ネットワーク化された国家間関係における位置付けや世界市場における立場や、超国家的組織における存在感によって測られるものになります。つまり、共有化され、束にされた主権は、主権を減少させるのではなく、反対に個々の国家の主権の潜在能力を高めます。グローバルなテロの脅威だけではなく、むしろ世界リスク社会全体が、国家を超えた、多国間の協力と主権の新しい時代を生み出します。そして、誤って理解した国家利益にしがみついている国家は、そのチャンスを歴史的に見失い、取り逃がしてしまいます。

　ソ連とユーゴスラヴィアとチェコスロヴァキアの解体は、ご存知のようにナショナルに規定された多数の国家を生み出しました。これらの国々においては、エスニックな帰属、ナショナルな帰属、公民としての帰属[23]などが、相互に多くの対立をはらみながら、部分的には重なり合い、部分的には排除し合っています。中東欧諸国において国民国家を個別主義的な「民族国家（エスニック）」に逆戻りさせようとするこの新たに覚醒され、煽り立てられた民族主義（エスニズム）は、一見すると、世界リスク社会の挑戦に直面した協力的な超国民国家の発見と展開に相反するもののように見えます。事実はその逆なのです。この挑戦は、ソ連以後の国家世界において歯止めがなくなっているナショナルで、エスニックな緊張を緩和するのに寄与しうるでしょう。これらの国々が現状を、共通の歴史的課題に直面しているのだというように一致して規定するならば、国家レベルでの解決と主権要求と、国家を超えた協力という条件とを合致させるために、政治的な枠組みや座標をつくり出すのが可能になるでしょうし、また必要にもなるでしょう。民族的に、国民的に重なり合う国境という歯止めがなくなった「国内の治安」をめぐる地政学的な対立において、現在このことが体験され、文字通り表現されています。

地域ごとの世界経済上の協力、世界的な金融危機のコントロール、異常気象や環境破壊の脅威、貧困、人権という問題にも同じことが言えるでしょう。それどころか、旧ソ連の勢力圏だけではなく、「第三世界」諸国やほかのところにおいても国家的に組織化された民族主義の歴史的な暴力経験と暴力肯定を協調的に抑制するためのひとつの鍵が、将来にわたり知覚され、一般的に認められた脅威のなかに、おそらく存在しているのでしょう。

国家を超えた国家間協力にはふたつの理念型が、明らかに認められます。監視国家と世界へと開かれた国家です。世界へと開かれた国家では、世界リスク社会における国家の主権を新たにし、拡張するために、国家の自己決定権が縮小していきます。監視国家は新たな協調勢力によって、安全と軍隊が重視され、自由と民主主義が軽視される要塞国家に拡大してしまう恐れがあります。平和と豊かさに依存してきた西側の社会においては、鋭い敵味方思考に対する必要な基準が欠けており、また人権に対してこれまで与えてきた優先権を、防衛上必要な処置に譲るための心構えが欠けている、と訴える声がすでに大きくなっています。異文化の人々に対して西洋という要塞を築こうとする試みは、どこにでも見られるようになり、向こう数年間は増えていくでしょう。そこから、対外的には世界市場に適応して行動するが、国内では権威主義的にふるまう（民族主義的《エスニック》な）国家権威主義の政治が醸成されるかもしれません。新自由主義はグローバル化の勝利者のためのものとなり、グローバル化の敗北者は、テロリズムと外国人に対する不安を煽られ、人種差別主義の毒を飲まされることになります。こうなってしまうとテロリストが勝利をおさめたも同然です。というのも、近代の国家の魅力でもあり、優位を保っていた点でもある自由と民主主義を自発的に奪ってしまうことになるからです。

それに対して、将来には以下の問いが本質的に重要となります。国家を超えたテロリズムに戦いを挑むことが問題になっているとき、何のために君たちは戦うのか、またわたしたちは戦うのか、という問いです。他者の異質性を認めるコスモポリタン的な国家体系というものに、その答えが用意してあります。

内側に対しても外側に対しても自己を閉ざしているような国民国家にとっては、「民族」という概念と「国家」という概念が重なり合ったり、排除し合ったりするアイデンティティの破壊力に対抗していくのは困難です。これに対してコスモポリタン国家では、一方での国家の自己決定と、他方での他者への責任、つまり国境の内側と外側の外国人に対する責任を両立させる必要性を強調しています。コスモポリタン国家が自己決定を否定したり、ましてや非難したりするなどということはまったくありません。その逆で、自己決定を自国の利益のみに短絡的に結び付けられた状態から解放し、世界の利益に開かれたものとしていくことが重要です。世界に対して開かれた国家は、テロに対してだけではなく、世界におけるテロの原因に対しても戦います。人類の間近に迫り、国家単独では解決できないようなグローバルな問題の解決によって、それらの開かれた国家は政治的なものを形づくる力と説得力とを獲得し、更新していきます。

コスモポリタン的な国家は、国家がナショナリズムに対して冷静であるという原則に基づいています。宗派によって形づくられていた一六世紀の内戦が、国家と宗教の分離によるウェストファリア条約で終結したのと類似して、(これはひとつのテーゼなのですが)二〇世紀と二一世紀初頭が国家主義的な世界(市民)戦争に対して、国家とネーションの分離によって応じることができるのかもしれません。無宗教国家がさまざまな宗教の実践を可能にしているのと類似して、コスモポリタン国家は、国境を超える民族的、国民的、宗教的アイデンティティの共存を、立憲的寛容の原則によって保障しなくてはいけないでしょう。

この意味で政治的ヨーロッパの実験[24]は、コスモポリタン的国家形成の実験として新たに考えられるし、また考えなくてはいけないでしょう。きちんと自己を認識した諸国家から成るコスモポリタン的なヨーロッパは、テロリズムに対する世界中の人々の戦いから政治的な力をくみ出し、全く現実的なユートピアでありえるでしょうし、またそうなるでしょう。

5 展望——世界リスク社会のチャンスについて

みなさま、それでは結論を述べましょう。以下に述べることは、ほとんど余談です。多少自己批判的になりますが、わたしはもはや希望の的とは思われていない啓蒙主義の伝統のなかに身をおいています。この精神から、どのように世界リスク社会の地平において、一見すると永遠だと思われていた政治の文法が解体し、変形するかを、まったく不十分で暫定的ではありますが、点描するように試みました。わたしたちを麻痺させる危険の悲惨さが、そこからまた開かれる遥かな政治的パースペクティヴに目を向けさせてくれることに、わたしと同様、みなさまもおそらく驚かれたのではないかと思います。世界リスク社会の、一見すると逆説的に見える可能性のうち三つを指摘してまいりました。

第一に、犯人の引渡し、軍事力の権限、裁判所の所轄等の問題同様、反テロ体制、税務捜査の問題を規定する国際的な法基盤を、テロに対する連合のためにつくることが可能でもあるし、また必要であると思います。この方法によってのみ、めまぐるしく動く歴史的、政治的文脈における長期的な挑戦に現実に取り組むことができるのです。

第二に、連盟の約束を、軍事手段のみではなく、信頼のおける「対話による政治」を通して果たすことが必要でしょう。とりわけイスラム世界に対して、さらには、グローバル化によって尊厳を脅かされていると感じているその他の文化に対して、このことが重要になるでしょう。そうすることによってのみ、軍事行動が挑発する結果になる事態、つまりテロリストと世界中のイスラムの人々とが手を組むという事態を防ぐことができるのです。おそらく、文化的に、そして外交的に対話をしていくつもりのヨーロッパは、文化的に内向的なアメリカよりも、それにふさわしいのではないでしょうか。

第三に、世界リスク社会の危険は、コスモポリタン的な複数国家の間にそれぞれの地域に適したかたちの協力構造をつくり上げるためのチャンスに変えることができるでしょう。モスクワをNATOの意思決定構造に（たとえ正式には加盟国ではなくても）組み入れることは、そのための暫定的な例にしかすぎません。それはそれとして、世界リスク社会の危険はまた、必要な社会変動を進め、グローバルにも地域的にも活動している社会運動の源でもあります。

今日わたしが講演を行なった言語の国、ドイツと、この講演をする名誉を与えてくださったロシアとの間の協力が、これらの目標に向かって進展するようにと希求しております。

イマニュエル・カントからの引用で結びとさせていただきたいと思います。「公民法に従い世界市民社会と一致するような成員として自分をみなせることは、人間が自分の決定について考えることができ、情熱的に考えることのできるもののなかで、もっとも崇高な理念である」。
みなさま、ご静聴に心より感謝いたします。

【原注】
＊1　フォン・ホフマンスタール（von Hofmannsthal 2000 : 51f）。
＊2　ベンフォード（Benford 2000）、シールマッハ（Schirrmacher 2000）参照。以下の例はこの論説に依拠しています。
＊3　ガルゾン（Garzon 2001 : 11）。

【訳注】
（1）Hugo von Hofmannsthal（一八七四～一九二九）、一九世紀末から二〇世紀初頭にかけて活躍したオーストリアの作家・オペラ台本家。特に作曲家リヒャルト・シュトラウスのために書いたオペラ作品『ばらの騎士』は有名である。
（2）ドイツ政府がNATOの要請に従い、連邦議会の承認を経た後、アフガニスタンに派兵したことを指している。
（3）原文は、des geschwätzigen Schweigens。自己矛盾的な言葉であるが原文のニュアンスを生かすため、敢えてこのように訳出した。

(4) 原文は、Weltrisikogesellschaft。ドイツ語の Risiko は危険と訳されることもあるが(例えばベックの著作 *"Risikogesellschaft"* は邦訳では『危険社会』と訳されている)、ここでは文脈からむしろ、「リスク」と訳したほうが、著者の意図が容易に理解されると考え、「世界リスク社会」と訳した。また、世界リスク社会の概念については、本書の訳者解説を参照。

(5) ゴヤの版画集『ロス・カプリーチョス(気まぐれ)』43番「理性の眠りは怪物を生む」を指している。

(6) イギリスがこれまで歴史的にEUに、例えば、自国でEU統一通貨ユーロを導入していないように、それほど積極的に参加してこなかったことに皮肉をこめて、著者は指摘していると思われる。

(7) 近代化にはひとつの道しかないというように単線モデルではなく、多様な道があるという複線モデルの存在を主張している。

(8) アメリカの社会学者、ジョージ・リッツアが唱えたテーゼ。彼は、ヴェーバーの形式合理性の理論に依拠しながら、現代社会はファストフード、マクドナルドに代表されるような効率性追求一辺倒の合理主義が、非人間化という代償を払いながら貫徹していくことを主張した。George Ritzer, *The McDonaldization of Society*, rev. ed. 1996, 正岡寛司監訳『マクドナルド化する社会』早稲田大学出版部、一九九九年。

(9) ナチのホロコーストにおいて強制収容所で連日大量虐殺を執行した人間が、家庭では「良き」父親であったことを指す。

(10) 米国同時多発テロ事件で世界貿易センターにパイロットとして突入したアルカイダのテロリストのひとりが、ドイツに長年居住し、ドイツの工学系大学を卒業していることを指している。

(11) ベック自身具体的には明示していないが、パレスティナのような民族解放テロと、アルカイダのような原理主義テロとの間には質的な違いがあると主張しているように思われる。

(12) 原語はラテン語で直訳すると「経済人」ということになるが、近代経済学がその前提とする、人間は合理的に自分の利益を追求する存在であるという一種の人間規定。

(13) 個人化もベックの社会学理論を構成する重要な概念である。詳しくは、巻末の訳者解説を参照。

(14) ヨーロッパ諸国はこの規約を早急につくろうとしているが、アメリカは二〇〇二年七月の時点ではこの規約の締結に反対している。

(15) 一五世紀から一六世紀にかけての大航海時代に覇権を握っていたスペインが、その圧倒的軍事力によって、中南米を侵略していったことを指す。

(16) 九〇年代に入ってドイツでネオナチによる外国人に対する暴力事件が増えたことを指している。

(17) 九〇年代に、失業問題で苦しむヨーロッパとは違って、アメリカで就業機会が飛躍的に上昇したことを皮肉をこめて表現している。

(18) 就業する前に、それぞれの職業に対応した職業訓練を制度的に義務付けしているドイツ的なパースペクティヴが、この発言に典型的に表現されている。

(19) アメリカの経済学者、トービンが提唱した税制で、先進国間の為替取引に一定比率の関税をかけ、発展途上国援助に充てようというもの。

(20) 一三世紀から一四世紀にかけてドイツが東方を植民地化する際に、その先頭に立った騎士たちの集団。

(21) 自己決定の原文は"Autonomie"、主権の原文は"Souveränität"である。

(22) 一方が増加すると、他方がその分減少することによって、総和が常にゼロになってしまうような関係や状況のことを言う。

(23) エスニック、ナショナル、公民の原文は、それぞれ ethnisch, national, Staatsbürger である。

(24) EUが、世界に先駆けてこれまでの国民国家のあり方を大幅に変えるまさに実験的要素を持っていることを指している。

世界リスク社会、世界公共性、グローバルなサブ政治

一九九六年五月二三日、ウィーン旧市役所における講演より

ウィーン連続講演について

一九八七年初頭、著名なドイツ人社会学者、ルネ・ケーニッヒ教授のウィーン市役所における講演が多数の聴衆を前にして行なわれ、大きな反響を呼んだ。これをきっかけとして、二〇世紀の終焉における人類の大きな課題と生存をめぐる問いに関する連続講演を同市役所で行なうことが発案された。当時のウィーン市長ヘルムート・ツィルク博士がこの連続講演を企画立案し、現実化した。以後継続展開し、市文化評議員のフランツ・ムルクヴィカ氏がこの理念を積極的に受け継いでいった。さらに、一九八七年一〇月にはウルズラ・パステルク博士がウィーン市文化政策担当の責任者になった。同氏と前述した市長のツィルク博士、及びその後任のミヒャエル・ホイプル氏の働きによって、ウィーン連続講演は、現在、国際的にみても一都市が主催する講演としては最大のものになる。ウィーン連続講演の企画と組織化は、最初から市文化部科学委員会で行なわれ、同委員会のフーベルト＝クリスティアン・エアハルト氏とスザンネ・シュトローブル氏がその責任者になった。一九九六年秋の州議会選挙と市町村選挙の後、人事が一新され、市文化部科学委員会の担当業務も、副市長であるベルンハルト・ゲルク博士の要望により、科学委員会から計画化と将来委員会に転換される。ゲルク博士は、社会の発展と繁栄のためのイノベーションの重要性を展望し、自らの職務上、科学分野に特別な地位を与え、ウィーン連続講演には特に意義を認めた。

これまで世界中から六〇〇人の方々が、客員講演者として招かれた。これらの講演者のなかには、マリー・アルブ＝ヤホダ、ウルリッヒ・ベック、ブルーノ・ベッテルハイム、アーネスト・カーデナル、カール・ディエラッシ、マリオン・デーンホフ、マンフレート・アイゲン、ヴィクトール・フランクル、ヴィレム・フルセール、ペーター・ゲイ、モーリス・ゴデリエ、エルンスト・ゴンブリッチ、ミハイル・ゴルバチョフ、タマラ・K・ハリブン、ジーン・ヘルシュ、エリック＝J・ホブズボーム、イヴァン・イリッチ、オットー＝F・ケルンベルク、ヴァクラフ・クラウス、ルート・クリューガー、テディー・コレック、フランツ・ケーニッヒ枢機卿、エルヴィン・クロイトゥラー司教、ブルーノ・クライツキー、ヨスト・クリッペンドルフ、グードゥラ・リンク、ヴィクトール・マテューカ、アダム・ミクニック、マックス・F・ペルーツ、ハンス・ペスタロッチ、ウタ・ランケ＝ハイネマン、エヴァ・ライヒ、マルセル・ライヒ＝ラニッキー、ホルスト＝エバーハルト・リヒター、エルヴィン・リンゲル、カール＝E・ショースケ、マルガレーテ・シュッテ＝リホツキー、エドワード・ショーター、ハンス・シュトロツカ、パウル・ヴァッツラヴィック、ジョージ・ヴァイデンフェルト、ハリー・ツォーンなどといった各氏の名前が見出される。

リスク社会とは、究極的に考えると世界リスク社会を意味しています。つまり、その根本にある原理は、またそれが投げかける挑戦は、空間的にも時間的にも社会的にも境界が定まらない、文明によってつくり出された危険なのです。こうして、階級対立、国民国家、ならびに直線的で技術経済的な合理性や制御といったような第一の近代、すなわち産業化の段階[1]の基本的条件と基盤はゆらぎ、廃棄されてしまいます。[*1]

ここではエコロジー問題を社会学的に規定するために用いられていないのはどのような概念なのか、が注目されます。つまり、「自然」もしくは「自然破壊」、そしてまた「エコロジー」もしくは「環境問題」といったことが、正面切って問題とされているのではありません。このことは、何らかの計画や意図と関係があるのでしょうか。これから述べますように、関係があるのです。実際にエコロジー問題の社会科学的な分析のための概念枠組みが、ここでは提起されます。その概念枠組みは、エコロジー問題を環境問題としてではなく、社会内部の問題として把握することを可能にします。社会的なものの分化によって生まれ、根拠付けられてきた「自然」「エコロジー」「環境」といった一見自明のように思われる中心概念の代わりに、社会と自然という二元論を超えたところにあり、文明によってつくられた不安定性についての視点と問題領域を中心にすえた概念をここでは点描してみましょう。その概念とは、リスク、危険、副作用、保障可能性、個人化とグローバル化といったものです。

世界リスク社会という言葉を使うと、いつも「それは一種の新シュペングラー主義[2]を助長し、政治的行為を阻止してしまう」という異論が出されます。これから述べていきますが、事実はまったくその反対なのです。世界リスク社会の自己理解において、社会というものは反省的なものです。[*2] そのことは、第一に社会が自分自身を主題と問題にするようになるということを意味し、グローバルな危険がグローバルな共通性をつくり出し、まさに（可能性としてありうる）世界公共性の輪郭を形づくっていきます。第二に、文明の自己危険化の認識されているグローバル性は、政治的に形成されうる衝動を、協調的な国際機関の育成や創設に向かわせることになります。第三に、それは政治的なものから境界を取り払うことになります。つまり、グローバルで同時に直接的なサブ政治[3]の配置図が生まれ、そのような状況は国民国家的な政治の協調と協同を相対化し、ぐらつかせ、「本来であれば互いに排除し合うような信念の世界的な同盟」に至ることになります。確実に言えるのは、世界リスク社会というようにわたしたちが認識した苦境において、「世界市民社会」（カント）が、その輪郭を得るようになるということです。

1 世界リスク社会論の準拠点

i 自然とエコロジーという概念のあいまいさについて

エコロジーという概念は、はっとするようなサクセスストーリーを呈示しなくてはならないものです。今日、自然の状態に関する責任は各大臣や企業の経営者にあります。製品や生産工程の「副作用」が生命の根底を危うくするというような（悲観的な未来の）証明は、市場を動揺させ、政治的信頼をゆるがし、同様に経済資本と、専門家の合理性に対する信頼を壊してしまいます。この（多くの点でまったく国家転覆をはかるような否定的な）結果によって、「エコロジー」というものがまったくあいまいな概念であること、そして何を守るべきなのかという問いに誰も答えられなくなっていることが明らかになります。[*3]

「自然とともに大きな欺瞞が、再びわたしには生じる」とゴットフリート・ベン(4)は書いています。「雪はたとえそれが溶けていなくても、言葉の面でも、感情の面でもほとんどやる気を起こさせないものだ。その言わずと知れた単調さを思考の上で、家から完全に追い出してしまうことができる。自然は空虚で、わびしいものだ。ただ俗物だけが、哀れにも自然のなかに何かをみつけようとふけっている。例えば、森というものは完全にモティーフがないものだ。ピッツパリューの森を一マルクで映画館で見て、体験することができるようになって以来、一五〇〇メートル以下のものは、もはや何の新鮮さも感じさせない。自然から逃げてしまえ。自然というものは思考を台なしにし、生活スタイルを著しく損ねてしまう。ナトゥーラは、もちろん女性的なものだ。いつも種を吸い取り、男と寝て、男を疲れさせようとしている。自然というものは、いったい自然なものなのであろうか。始めがあり、放置されるもの、開始、多くの中断、転換、失敗、放棄、矛盾、ひらめき、無意味な死、試み、遊び、うわべだけのもの、これらはみな、自然に反するものの教科書的な例なのだ。さらに自然というものは、おそろしくやっかいなものだ。登山、下山、再び登り坂、そしてぼんやりした景色、まったく予期しなかった、けれども過ぎるとすぐにまた忘れてしまうような展望台……。要するに、ばかげたものなのだ」。[*4]

自然という言葉を口にするとすぐに、「ここでいう自然とは、どのような文化的モデルを前提にしているのだろうか」という問題が起こります。つまり産業に酷使された自然でしょうか。それとも五〇年代の農村生活（今日、回想的に表現されているような、そして当時の農村の人たちが体現しているようなもの）でしょうか。それとも「静かな山々の散策」などの本が書かれる以前の山の孤独といったものなのでしょうか。それとも自然科学の自然のことなのでしょうか。それとも（静寂、山のなかの小川、内的沈潜という意味での）あこがれの対象の自然でしょうか。あるいは「孤独」を安売りするツアーカタログで賞賛されているような自然なのでしょうか。それとも産業の介入の後でも完全に復元するような、企業経営者の抱いている「強靭な」自然像なのでしょうか。それとも、小さな介入でさえ場合によっては修復不可能な損傷を与えてしまうような、自然保護運動家による「繊細な」自然像なのでしょうか。

つまり、自然もまた、あるいは、自然こそまさに、自然なものではなく、概念であり、規範であり、思い出であり、ユートピアであり、自然に対抗して構想されたものなのです。そして今日では以前にも増してそうなのです。自然は、自然がもはやなくなってしまった時点で、再び発見され、貴重なものとみなされます。エコロジー運動は、自然と社会との矛盾に満ちた融合というグローバルな状態に反応していきます。両方の概念は、相互にからみ合い傷つけ合って混ざり合った状態において止揚されます。そのからみ合いや傷つけ合いについてわたしたちは何のイメージも、ましてやコンセプトも持っていません。エコロジーをめぐる議論で、「自然」を、破壊された自然の規範として用いる試みは、ナチュラリストたちの抱く誤解のうえに成り立っています。規範とするような自然はもはや存在しません。[*5] 実際にあるのは、そして政治的に不穏な響きをたてているのは、自然（破壊）を社会化するさまざまな形式であり、自然（破壊）を象徴的に表現したものであり、文化がつくりあげた自然概念であり、自然への相対立する理解であり、その（ナショナルな）文化的伝統です。それらのものは、専門家の論争や技術的な定式化や危険の背後にあって、ヨーロッパ内部のエコロジー紛争を規定しています。それらはさらに第三世界の国々とともに、第三世界の国々内部のエコロジー紛争をも規定しています（そしてこれからも規定していくのです）[*6]。

しかし、自然それ自体が生態系の危機と産業システムに対する批判を根拠付けることができないのならば、一体どうしたらいいのでしょうか。この問題に対してはさまざまな解答が可能です。第一のそしてもっともよく見られる答えは、自然科学によるものです。それによれば、空気や水や食材のなかに含まれている毒、気象学研究者のモデル、エコシステム科学というサイバネティクス[5]的に考えられたフィードバックの曲線といった技術的な定式化が、自然が負担と破壊にどこまで耐えられるかを決定するということになります。しかし、この視点には少なくとも三つの罠が、隠されています。第一に、このことは、まさにエコクラシー（エコロジーテクノクラート支配）に至る道になってしまいます。そのようなエコクラシーは支配能力の増大化の点で、つまりグローバルなマネージメントが可能であるという点で、またきわめて善良な精神によって完成されている点で、単なるテクノクラシーとは異なっています。

第二に、認識の文化的な意味、ならびに文化間の対立や対話の意味が過小評価されるか、排除されることになってしまいます。というのは同じ危険が、ある者には竜のように大きく、他の者にはミミズのように小さく現れてくるからです。このことは、核エネルギーの危険性の評価について顕著です。わたしたちの隣国にいるフランス人にとって、原子力発電所は近代の頂点を象徴するものです。休日には、両親が子どもと一緒に原子力発電所を巡礼者のように見学しています。チェルノブイリ後一〇年以上経った今日でさえも、この「事故」の死傷者のすべてがまだ生まれてきたわけではない（これから誕生する人にも影響が及ぶため）という見解も、なんら影響を与えることはありません。

第三に、エコロジー問題の自然科学的なモデルにおいても、自然についての文化的構想が暗黙のうちに含まれています（例えば、以前の自然保護の自然理解とは明らかに異なるシステム科学の構想です）。

世界がそもそも生態系の危険にさらされていることを認識するためには、確かに誰もが自然科学的な概念で考えなくてはいけないでしょう。つまりエコロジカルな日常意識というものは、「自然」な意識とはまさに反対のもので、化学の公式が日常の行為を決定するような高度に科学的な世界観なのです。[*7]

専門家がつくりあげたどんな技術も、「どのようにわたしたちは生きたらいいのか。人間はさらに何を甘受する覚悟をしたらいいのか、何をもはや甘受しなくていいのか」といった問いに答えることは決してできません。答えは技術的な、生態学による危険の診断からは出てこないのです。この問いは、むしろ諸文化によるグローバルな対話の対象にされなくてはいけないのです。まさにこのことを、第二の文化科学的な見解が目標としています。文化科学は、「生態系の危機の程度と緊急性は、文化内の、そして文化間の認知と評価によって変動する」と言明しています。

フランス国内では真理だが、国境を超えると欺瞞と錯誤となってしまうような真理とはどのようなものか、モンテーニュ[6]とともに問いかけてみることができるでしょう。このような見方をすると、危険というものは、わたしたちの意識とは独立して「それ自体」として存在するようなものではまったくないのです。危険というものは、むしろ一般的な意識化によって初めて政治的なものになり、科学的な議論のための資料によって戦略的に規定されたり、隠されたり、演出されたりする社会的な構築物なのです。この見方がすでに一九八三年に、ふたりの英米圏の社会人類学者、メアリ・ダグラスとアーロン・ウィルダフスキーの著書『リスクと文化（*Risk and Culture*）』においてまとめあげられたのは、おそらく偶然ではありません。著者たちは、そのなかで（現在流布している環境意識を覆すことを企図して）、「文明化以前の社会における危険と、高度文明社会における危険との間には本質的な差異はない。あるのは、文化的な認識方法と、その認識が社会的にどのように組織されるか、といったことにおける差異のみである」という見解を展開したのです。

その正しさや重要性にもかかわらず、この見解は充分なものとはいえません。というのも、石器時代の人間には、周知のように原子力や生態系の破壊により人間が自滅してしまう可能性などありませんでしたし、また悪魔におびやかされるような危険は、生態系の自滅という、人間によってつくり出された危険とは、まさしく同じものではないからです。[*8]

ii 現実主義・構築主義論争

さてここで世界リスク社会の理論を展開してみましょう。「何が世界リスク社会の概念を正当化するのか」という問いに対しては、ふたつの答えが可能です。ひとつは現実主義による答えで、もうひとつは構築主義による答えです。[7] 現実主義的な態度においては、高度に発展した産業生産の結果と危険は、いまやグローバルなものです。このように断言する際に拠りどころとなっているのは自然科学の成果と進行しつつある破壊（オゾン層破壊など）に関する議論です。この見方では、生産力と破壊力は、密接にからみ合いながら展開し、潜在的な副作用の陰の面として、世界リスク社会という、これから解明すべき新種の対立の力学をつくり出していきます。このことは、「原子雲」が全ヨーロッパを恐怖に陥れ、人々のプライベートな日常生活にまで決定的な行動の変化を迫ることになったチェルノブイリ原発事故のような、衝撃的な経験にとりわけ表れています。空気や水中や植物や食材に含まれている毒が「国境を超える」ということを知っている西洋社会の賢明な新聞読者やテレビの視聴者までも、行動の変化を余儀なくされます。

この「現実主義的」な見方によると、世界リスク社会についての議論は、文明によってつくり出された危険が生み出し、次第に強制力を増してきたグローバルな共存の度合いを反映していることになります。この新しい世界情勢によって、超国家的な制度の重要性が増すことになります。つまり、「現実主義的」に言えば、グローバルな危険に基づいて、グローバルな認識モデルや公共性と行為に関する討論の場が生まれることになります。また、仮定された客観性が行為に十分な活力を与えるような場合には、超国家的な行為者や制度も力を持つでしょう。

現実主義の力は、さらに明確で歴史的な「ストーリー・ライン」のなかに示されています。それに従うと、産業の発展は、もしくは産業社会の発展は、二段階に分けられます。第一の段階では階級問題や社会問題が支配的で、第二の段階では環境問題が支配的になります。その際、環境問題が階級問題に取って代わるというような仮定をする必要は決してありません。ぜひとも強調しなくてはいけないのは、生態系の危機と労働市場の危機と経済危機とは互いに重なり合い、相互に危機を深刻化させているということです。しかし、説得力のある段階モデルに従い、貧困問題や階級問題に焦点を置いた産業資本主義が中心の国民国家の段階と、環境問題に焦点のあるグローバルな段階とを対比させることが重要でしょう。というのも、そのことによって産業社会の対立モデルの価値が全体的に下がるからです。グローバルな危険の客観性を仮定する人は、（中央集権的な）超国家的な制度の形成を促進していきます。単純すぎるのではないかと言われることの多いこの見方は、少なからざる権力の衝動を表現しています。それどころか、新しいマジックワードを用いるならば、それは「持続可能な発展（sustainable development）」を実現するための権力の衝動をつくり出すのです。

現実主義による世界リスク社会のこうした正当化をざっと見るだけで、そのような正当化がいかに希薄なものであるかがわかるでしょう。というのも、現実主義者のこのような無反省な見方は、自らの「現実主義」が、マスメディアによってつくられた、沈殿し、断片化した集合意識であることを忘却し、抑圧することによって成り立っているからなのです。環境問題をめぐるイメージやシンボルや知識は、決して自らの経験に基づくような根源的なものではなく、それ自体確実なものでもないのです。そのような知識は、自分で得たわけではなく、他者から入手される、「二次的資料」によるもの、つまり社会的に構築され、メディア化されているもので、(例えばテレビや新聞や社会運動や環境組織や研究所といった)大規模な知的組織や科学機関なしには成立しないものなのです。現実主義の、ものごとを規定する権力は、構築主義による解釈の優越性を根拠付けるような問いを排除することで成り立つのです。例えば、「現実主義的な」危険の自明性が、どのようにつくりあげられるか、またどのような行為者や制度や戦略や資源がその際、決定力を持つのかといったことは、反現実主義的な、構築主義的な態度によって初めて、有意義な形で問われ、把握されるのです。

社会構築主義的な見方においては、「世界リスク社会」についての議論は、問題状況の(自然科学的に診断された)グローバル性に基づいているのではなく、公共の場でのグローバルな環境問題のアジェンダとテーマを現実化しているような超国家的な「言説の連合」（マールテン・ハイエール）に基づくことになります。この「言説の連合」は、もともと一九七〇年代、八〇年代にようやく形成され、有力なものになり、九〇年代になって、特にリオデジャネイロの国連環境開発会議以降、グローバルな地球問題という意味で、問題の情勢を変貌させました。環境運動の制度化、（国連、国際通貨基金、グリーンピース、それらだけではなく環境省の創設、国内法や国際法や様々な条約、環境産業の発展ならびに世界問題のグローバルなマネージメントのための「ビッグ・サイエンス」といった）ネットワークと超国家的行為主体の設立がその問題の解決の前提となり、不可欠なものになっています。さらに、これらの行為主体は成果を得られるよう行動しなくてはいけませんし、有力な反対勢力に対して絶えず新たに自分を主張していかなければいけないのです。

　このようにして今日まで、グローバルな問題の秩序は（これこそがまさに世界リスク社会の議論なのですが）、三種類の反論に遭遇することになります。第一番目のものは、危険について必要な（科学的）知識の不確実性を強調するものです。つまり、科学の実際の知識水準と危険についての公共のドラマトゥルギーとの間の乖離もまた、多くの人々によって指摘されています。第二番目のものは、特にいわゆる第三世界の行為主体や政府に多くみられる態度なのですが、環境問題のグローバル性を西洋諸国の一種の新帝国主義として批判するものです。この見解によると、西洋諸国は、貧しい国々に対して、知識と発展における優位をこうして確保するのみならず、文明化によりグローバルな危険をもたらしていることに対する自らの責任を隠蔽しているということになります。最後に第三番目のものですが、環境問題のグローバル性が、「自然保護」とは反対の、倒錯したものに、つまり一種のグローバルな世界管理に至ってしまうという批判です。同時にこのようにして、新しい知識の独占もなされ、まさに高度に技術化された「世界（気候）モデル」も（「気候変動に関する政府間パネル（IPCC）」のグローバル・サーキュレーション・モデルなど）、そのなかに組み込まれている政治形態と（とりわけ自然科学とコンピューター科学の）専門的な解釈や制御への要求も、生まれていくことになります。

さらに、世界リスク社会論をめぐる議論は、認識や価値づけに関する民族間、国家間の対立（例えば、危険性の度合いや、危険を引き起こしているのが誰か、といった問題や対処法の必要性をめぐる対立など）の克服ではなく、むしろ反対にその対立の先鋭化を伴うものであるということも、次第に明らかになっています。そのような議論は国家間の勝者や敗者を、自分の側へ取りこんだり、逆に排除したりします。

このように本質主義的＝現実主義的アプローチと構築主義的アプローチとは、その方法や根本における仮定という点で、出発点では対立しているようであっても、しかし、その診断という点では一致しています。両者とも異なった仕方で、世界リスク社会について語ることを正当化しています。とはいえ、その相違を決して過小評価すべきではありません。特に注目すべきことは、現実主義は、世界リスク社会の「世界リスク」の方を、構築主義は、それに対して「社会」の方を強調するということです。構築主義的な見方では、環境問題のグローバルな性格を社会的に認めさせ、行為への要求の基軸とするために、超国家的な行為主体は、その問題に関する討論に基づいた政策を実現してしまっていなければならないのです。それに対して、「現実主義的」な見方においては、このグローバルな性格は客観的危険というように仮定され、揺らいでいる独自の権力にのみその基盤があるということになります。あえて言うならば、現実主義は環境問題の特質を「閉じたもの」と想定し、構築主義はその原則的な「開放性」を強調していると言えるでしょう。つまり、現実主義においては世界リスク社会の危険が、すなわち脅威のシナリオが中心にあり、構築主義においては行為者から見たそのチャンスが中心にあるということです。現実主義においては、グローバルな危険によってはじめて、国際的な制度や条約がつくられる必要が出てきます。構築主義では、グローバルな環境危機についての議論にとって、国家を超えて行動することにすでに成功しているような対話の連合が前提として必要なのです。

しかし、以下のように「現実主義的なアプローチの仕方と構築主義的なアプローチの仕方、また世界リスク社会を説明するためのそれぞれの形式は、あらゆる点において実際に排除し合うのだろうか」という問いも立てられます。どちらの側も単純すぎる議論のあり方を想定した場合にのみ、互いに排除し合うようになります。つまり、実際に存在する自然や現実に対しての信仰だけではなく、純粋に構築主義的な構築主義というものに対する信仰も存在するのです。その場合には、特に一定の反省を経た現実主義という、解釈戦略上の価値が、そして権力戦略上の価値が、正しく評価されなくなります。この一定の反省を経た現実主義は、「現実」は現実の「構築」を通してはじめてつくられるものだといった由来を把握しており、そのような構築によって、どのように自明性というものがつくられ、問題がどう切り取られ、解釈の他の可能性がどのように「ブラックボックス」のなかに閉じ込められていくのかということを探究していくのです。

つまり単純な対立を疑ってみれば、「単純すぎる」構築主義と「反省的な」現実主義を対置し、比べてみることができるでしょう。単純すぎる構築主義は、構築主義的な現実主義の議論の仕方を見誤ってしまい、その結果、自分こそ唯一の構築主義であるといういわば現実主義的な誤解のなかに留まってしまうのです。単純すぎる構築主義は、（行為を起こさせ）長く持ちこたえるような現実の構築が、その構築的な性質を取り戻す必要があるということを見誤ってしまいます。さもなければ、それは現実そのものとしてではなく、現実についての諸構築として構築されてしまうでしょう。さらに単純すぎる構築主義は、物質性、つまり経済的強制にも決してひけを取らないようなグローバルな危険性という特有の重圧を正しく認識できません。出来事としての破壊とこの出来事について語ることとの間の違いに気付かなくなってしまうような構築主義的な分析は、危険というものを認識の上で無害化してしまいます。「認識できる要素」に目を向けてしまうために、危険が破壊的なもので、苦痛をともない、様々なものを溶解させてしまい、その結果、混沌とした悪魔的な意味を持っているということを、場合によってはわからなくさせてしまうのです。

iii　自然と社会の差異の社会構築、およびその社会学的再構築について

「自然と社会との古い二元論をいかに止揚し、またシンボリックに媒介された社会的な自然諸関係という意味で、新たな二元論がいかに決定され、把握されうるのか」。こうした問題に関しては、社会学におけるさまざまな理論的プログラムや研究プログラムが多様なアプローチによって取り組んでいます。

科学研究と技術研究の文脈から、ブルーノ・ラトゥールは社会と自然の二元論の代わりに、種の交配の社会学（彼が異種交配と名付けているものです）を提案しています。社会と自然（社会と技術）という基本的な区別の代わりに何が現れるのかという問いに、ラトゥールは両者の「判別不可能性」の新たな形の統一であると答えています。そうして新たに現れてくるものを、ラトゥールはそれ自体としてでなく、否定形で、非常に説得力のある形で読みとっています。ヴァルター・ベンヤミンの寓話の天使[8]を思い出される読者もおられるでしょう。読者は議論の逆風を受けて、遡及的にのみテ

キストの意味を解読することができます。もっと深く理解したい方は、行為者ネットワーク理論に関するラトゥールの経験的＝歴史的研究を参照されるのがよいでしょう。[*9]

ジェンダー研究との関連で、フェミニズム的な環境社会学に真っ向から戦いを挑む一連のアプローチが呈示されました。両者に共通するのは、女性と自然との特別な関係という仮定です。「特別である」ということは、「ノーマル」もしくは「別である」という概念を前提としています。このことは、家父長制という条件下での男性と自然との関係において見られます。それによれば、自然に対する技術的＝産業的支配は、女性に対する男性の支配とパラレルなものを（あるいはそこに起源を）持つのです。つまり、自然に対する技術的＝産業的支配は、女性に対する男性の支配を通じて、その本質が明らかにされます。女性と自然との特別な関係は、実在論的にか、あるいは構築論的にか、あるいはその両者の組み合わせかによって考えられています。いずれにせよ女性は、とりわけ母親であるということを通して、自然により近いと思われています。女性の自然への親近性は、例えば「いつも女性は山々のように考えている」（シャロン・ドービアゴ）という言葉が示すように、シンボリックで精神主義的なものとして理解することができるでしょう。

この意味でシャーリーン・スプレットナクは、女性の生をめぐる関係性の経験を包括して以下のように書いています。「その経験は、自然主義という真理であり、女性の全体としての傾向である。（中略）わたしが考えているのは、わたしたちの肉体と血によって人を育て、乳房によって栄養を与えるという力のこと「だけ」ではない。（中略）わたしが考えているのは、女性の人生には、肉体と精神の力強い統一において精神性の全体的な真理を経験する瞬間が多々あるということである」[*10]。

イネストラ・キングは、この実在論的な視点を政治的なものに転換します。女性についての自然へのこうした親近性は社会的に構築されたものであるという前提のもとで、フェミニストの女性たちには三つの選択肢があります。第一は、女性が男性世界に同化してしまい、女性と自然の結び付きを切断してしまうというものです。第二は、女性がこの結び付きを強めることができるというものです。第三は次のようなものです。「自然と文化という二元論が文化的産物であっても、男性文化に距離をとることによって、女性と自然の結び付きを切断せずに保つという決断を意識的にすることができる。わたしたちはむしろ、それを新しい文化、新しい政治をつくりあげるための出発点として利用することができるだろう。その文化、政治とは認識の直感的、精神的、合理的な形式を統合し、わたしたちが自然と文化との区別を変容させる、自由でエコロジカルな社会を構想し、創造することを科学と魔術が可能にする限りにおいて、そうした科学と魔術をとりこむような文化であり、政治なのである」[*11]。

ダナ・ハラウェイは、技術社会学とフェミニズム的なエコロジーという両方の思考を組み合わせ、非常に知的で政治的な角度から光をあてることによって、性別の伝統的な境界が（また自然と文化、人間と動物、人間と機械などの境界も同様に）、ITとバイオテクノロジーの影響の下にいかに不明瞭になっているかを描き出したのです。しかし、境界が消滅したと嘆くのではなく、「すべての境界が混沌としていることを享受し、自分で意識的に新たに定める」[*12]チャンスとしてこの事態を捉えるようにと、彼女は主張しています。

後期資本主義論に結び付く社会的生態学研究においては、著者たちが自然状況の社会的危機と呼んでいることが、理論的にも経験的にも扱われています。社会中心主義と同様、自然主義の行き詰まりに対しても著者たちは異議を唱え、同時に両者の成果を結び付けるよう試みます。同時に生態系の危機の中核をなすのは、物質的な（自然科学的に記述できるような）問題だけでも、構築主義によって強調されているような自然破壊の文化的象徴の（過剰な）形式化それ自体でもないという議論を展開していま す。重要なことは、むしろこの一見すると互いに排除し合うようなディシプリン上の アプローチと確実性を組み合わせて考察し、具体的な研究において歴史的に必然的な 科学的ディシプリン上の矛盾と結び付けることであり、またそれをいかに行なうかと いうことです。

社会的生態学のアプローチは、すべての環境社会学の自然主義と社会中心主義との ジレンマを、さまざまな学問形式と知の形式の協同作業において解決しようと試みま す。「このアプローチは、以下の点で際立っている。第一に複数の自然状況を、それ ぞれ特有の形で獲得された領域として把握すること、第二にその科学的な探求が新し い学際的研究、つまり自然科学と社会科学の新しい関係に対する要求に結び付いてい ること、しかし第三に、その複数性が広範な社会理論の説明図式、つまり、『変容の 核と文化的な覆い』（エゴン・ベッカー）のモデルに組み込まれていることである」[*13]。 「自然状況の社会的危機」のこれら三つのモティーフの意味は、（社会）科学的な研究 における定式化と（社会）科学的な転換において初めて実際に理解され、判断されう るものです。

自然（破壊）について語る際の実在論的な意味内容が、対応する専門家と反専門家の知識に置き換えられるという仮定の下で、マールテン・ハイエールは特にアングロサクソン言語圏において分化した言説理論と文化理論との取り組みにおいて、この知識の次元を分析的に、同時に政治的にもラディカル化しました。そのことによって、一見すると逆説的に見えますが、「自然破壊」について語る際の自然主義的、実在論的内容が、行為に基づいた行為者の理論、制度の理論へ転換されます。つまり階級、国民国家、システムといった所与の境界を超えた「言説の連合」が、中心に置かれるようになります。これらはいわゆる言説によって情景を構築しているものです。彼らは「認識地図」や「ストーリー・ライン」や「タブー」をつくり出し、形づくり、変化させます。現実とは、厳密な意味で、行為の計画と行為の産物になります。その場合、現実を「つくり出す」という語りにおいてこれまでは十分、明確に議論されてこなかった二重の意味が重要になります。一方では、認知的であることを重点的に意味し、つまり現実の構築のみを目標としており、他方では狭い意味での行為（決定、労働、生産）を含み、現実についての生産的、物質的な変化、形成を意味しています。つくり出すということについてのこのふたつの意味内容を具体的にはっきりと区別することは、しばしば非常に困難ですが、このふたつは「現実を生み出すこと」や「世界形成」ということについての異なったあり方を示唆しています。ハイエールの功績は、特に言説理論や文化理論の認知的バイアスを行為論的、制度論的に修正していることにあります。世界リスク社会における現実（例えば公共性において、また危険を報道するマスメディアにおいて）が、どのように構築されるのかということだけではなく、現実それ自体が制度的な決定や行為や労働の連関における言説的な政治や連合によって、どのように（再）生産されるのかということが問題となるのです。

いわゆる「現実の構築」は、「現実」にしたがって区別することができます。（社会的実践としての）制度のそばに、また制度内部に近づけば近づくほど、現実の構築は、より力に満ち、決定力を持ち、行為に近く、「より現実的なもの」になります（あるいは、そうなるように見えます）。実在論は、知識社会学的に照らし出され、解消され、権力と行為を志向した一種の制度論に転換させられます。すべてを決定というものに解消する文明化された世界において、権力に満ち溢れた行為構造や具現化された決定や労働のルーティンから「現実そのもの」が生まれるのです。また、それらの行為構造やルーティンにおいて、「認知地図」が「現実化され」、同様に変更されるのです。

日常においては、つねに「自然」や「自然破壊」が話題にされますが、こうした絶え間のなさが、場合によっては非構築の構築という逆説的な戦略を示唆しています。そのように省みることで、構築の表面上の姿が(多かれ少なかれ)パワフルに破壊され、現実それ自体のそれらしい外見が、つくり出されます。

マールテン・ハイエールは「現実がより現実的になる」可能性に、つまり社会的現実の非構築的な構築の可能性という問題に軽く触れるだけなのですが、国際比較ケーススタディーにおいて、彼は以下のような多くの言説的(政治)戦略を探求し、具体的に呈示しています。つかの間の興奮を喚起するシンボリックな政治、テーマと問題を「比較にならない」として意図的に排除してしまうこと、危険の画像化や感覚化によって信頼を勝ちとること、マクロな行為主体を言説のうえでつくり上げること、社会的に無知を醸成することなどですが、これらは権力に対する指標や基準であるので、特に重要です。「ブラックボックス化」つまり、いまや本当に自明な自明性をつくり出すことや、機能のアナログ化は、矛盾を覆い隠し、統合可能なように見せかけるためにあるのです。「わたしのよく用いる表現で言うと、生態系の危機というものは、その危機を生み出した制度的実践の再考を求めるような『自己対決の言説』である」[*14]。

iv　保障可能性の限界

　このことを背景に世界リスク社会の理論をさらに具体化することができます。その理論は、ブルーノ・ラトゥールとダナ・ハラウェイが知識人としての勇気を持って示したように、社会と自然という二元論から決別しています。問題はただ、自然がなくなった後に、わたしたちがどのように自然とかかわっていくのかということなのです。エコフェミニズムによっても、そして社会的な自然諸関係についての危機理論によっても、さまざまな角度から究明され、試行的に解答がなされるこの問題は、マールテン・ハイエールの言説理論の政治的＝制度的転換をふまえて、世界リスク社会の理論において、制度的構築主義の観点からさらに展開されます。つまり、「自然」と「自然破壊」は、産業によって内面化された自然において制度的に生産され、定義されるのです。自然それ自体、つまりその実在論的内容は、制度的な行為権力と形成権力とに相関しています。ここで生産と定義というのは「自然（破壊）」を物質的に「つくり出す」ということと、シンボル的に「つくり出す」ということのふたつの局面のことです。そのふたつの局面は、最終的にはグローバルな規模で網目状に結合されたさまざまな行為連関内部での、またその連関と連関の間の言説の連合を示唆しています。自然の「自然性」、その「破壊」、その「再自然主義化」の違いが、制度の内部で、個々の知識主体の対立において、どのように、そしてどのような言説上の、産業上の資源と戦略によって、つくり出され、抑圧され、標準化され、統合化されるのかというのが、将来の研究の課題です。

世界リスク社会の理論は、自然破壊に対する問いを、「近代社会は自らつくり出した不安定性に、どのように取り組んでいくのか」という問いに変換します。そのポイントは、原則的に制御可能な決定に依拠して生み出されたリスクと、産業社会の制御への要求を、以下のようなふたつの点で減少させ、破棄させてしまった危険とを峻別することにあります。第一には、リスク予測、保険の原則、事故の概念、災害対策、将来への備えなどの、産業社会とともに発達し、完成された制度や規範が機能しなくなります。そのための有用な指標があるのでしょうか。それはあるのです。評価の定まっていない産業とテクノロジーは、民間で保障されないというだけではなく、民間で保険をかける可能性がまったくなくなってしまいます。このことは核エネルギーと、遺伝子工学（その研究もまた）、さらには高いリスクのある化学生産の分野にも当てはまります。必ず保険をかけてマイカーを運転する、といったすべてのドライバーにとって当然のことが、高度産業主義における危険の必然性を前にして、全産業部門と未来のテクノロジーにとっては、気付かないうちに自明ではなくなってしまっているのです。別の言い方をしましょう。製品や技術が無害であることを主張する技術者や経営者に異議を唱える、非常に信頼のおける「テクノロジー・ペシミスト」がいます。保険の専門家や保険会社は、技術的な「リスクが（自称）ゼロ」であるような巨大な仕事に取り組むことを、その経済的現実主義の観点から禁じられています。つまり、世界リスク社会は、**保障可能性の限界を超えて**、バランスを取り、稼動しているのです。逆の言い方をするならば、自ら生み出した危険への取り組みに対する産業的近代の危険予防の基準は、批判の基準へと転換させられるのです。[*15]

第二には、産業社会の決定モデルとそのあらゆる副作用のグローバル性は、ふたつの異なった段階に属しているということです。一方で、科学的、技術的、経済的推進の決定がいまだに国民国家と経営体の枠でなされているのに対し、他方では、その脅威にさらされた結果、わたしたちはみんな世界リスク社会の成員になってしまっているのです。増大した危険をめぐる産業主義においては、市民の安全と健康を保障するということは、もはや国民国家的に解決できる課題ではありません。このことは生態系の危機の重要な教訓のひとつです。エコロジカルな言説によって、「外交」の終焉、「他国の内政」の終焉、国民国家の終焉が、日常的に経験できるようになります。

同時に差異と無関心をつくり出すという中心的戦略が、認識されるようになります。責任の所在を明らかにするということ、すなわち因果関係に基づき、責任をとるという既存の規則が、機能しなくなってしまいます。つまり、ものごとを管理したり、処理をしたり、判決をくだしたりする際に、この規則を絶えず用いていると、逆効果を招くことになるのです。というのは、危険が匿名化することによって増大するからです。別の言い方をすると、(法律、科学、行政、産業や政治における)古い型の、決定の決まり切った手順や、管理の手順、そして生産様式は、物質的な自然破壊と、象徴的な意味での規格化の両方を生み出しているということになります。両者は互いに相補い、相互に先鋭化し合います。具体的に言うならば、規則を犯すことではなく、規則そのものが種の消滅、川の消滅、海の消滅を「規格化」するのです。

象徴的な意味での規格化と、その結果として起こる、絶え間のない物質的な危険の発生や破壊という循環が、「組織化された無責任」という概念の意味するところです。行政や政治や産業の経営や研究が、彼らの内在的な合理性基準や安全基準に照らし合わせて、何が「合理的」か、また何が「安全である」のかを取り決めます。その結果、オゾン層の破壊が進み、アレルギーが大衆の病気になります。

物理的起爆性と並んで（そして、このこととは独立して）言説戦略的な行為によって、危険についての政治的な起爆性が潜伏するようになります。そのような起爆性は、行政や政治や法や管理の正当化の循環において永続的に規格化され、したがって制御できないようなグローバルなものに成長していきます。マックス・ヴェーバーとともに、しかし彼とは逆の立場から表現するならば、目的合理的な官僚制はすべての犯罪者たちを無罪にし、負の副作用として、その合理性や制御への要求の基盤を脅かすことになります。

「自然破壊」ということについて語る代わりに、世界リスク社会の理論においては以下のような重要なテーゼが出されます。工業生産の予期しなかった副作用が、グローバルな生態系の危機へと変貌していくという事態は、わたしたちを取り囲む世界の問題、すなわちいわゆる環境問題ではなく、産業的近代という近代の第一段階、すなわち国民国家的な段階それ自体の根本をゆるがすような制度的な危機なのです（反省的近代化）。産業社会という概念の地平においてこうした展開を見る限り、一見すると責任を取ることも、予測することも可能なように見える行為のネガティヴな副作用が（残余リスク）、そのシステムを侵食し、合理性の基盤の正当性を奪うような結果になっていることが認識されないままでしょう。世界リスク社会の概念と視点において初めて、そうした展開の政治的、文化的意味の本質が際立ち、近代という西洋モデルの反省的自己規定と新規定の必然性に目が向けられるのです。世界リスク社会の言説が語られるような段階になると、「技術的、産業的発展と共に引き起こされた危険は、制度化された基準によっては予測することも、制御することもできない」という見解が状況次第で広まっていきます。民主主義的、国民国家的、経済学的モデルなど、第一の近代のモデルの基盤に対する自己反省や、（経済や法や科学における結果の外在化といった）現行の諸制度や、その歴史的に価値がなくなった合理性の基盤の吟味を余儀なくされます。ここからグローバルな挑戦が生まれてきます。そして、そのグローバルな挑戦によって、戦争にまで至るような世界的な規模の新しい紛争群も生じてきますが、協調や紛争の調停や合意形成という超国家的制度も考え出されていきます（このことについては、次節で紹介します)。

経済においても状況は急激に変わってきています。かつて初期資本主義の企業にとっては楽園の時代がありました。産業は、特別な制御や協議に従属することなしに、自らのプロジェクトを開始することができたのです。その後、経済活動が国家によって規定された時代、つまり労働法や安全規則や賃金協約等の枠組みにおいてのみ、経済活動を展開することが可能な時代がやって来ました。世界リスク社会においては、決定的な変化が生じます。これらのすべての所轄官庁や規則を考慮に入れ、締結した協定を遵守しても、安全はもはやもたらされないのです。規則にのっとった経営こそが世界中で世論のさらし者にされ、「環境の敵」として責められるといったことすらあるのです。それに対応して生産とサービスのための市場が原則的に不安定なものになり、企業や財閥にとっては、従来の手近な手段で制御するのが不可能になります。経済的、合理的な行為や制御の中核領域において不安定な状態がつくり出されます。これは根本的な状況変化を示しているのですが、このような変化に対する通常の反応は、思考の変化に対する要求を妨げ、契約を逸脱して生じる抵抗の波を「非合理的なもの」や「ヒステリックなもの」として厳しく非難してしまうものです。このことによって、一連の誤りに突入してしまいます。そして非合理性の海において優越した合理性を体現しているという誇り高き感情を持ちながら、制御するのが困難なリスク対立の罠のなかでさ迷い歩くということになります[*16]。

　多額の投資が継続的な合意を前提としながらも、この合意が単純な近代化の古いルーティンではもはや保障されず、危険にさらされるという意味で、世界リスク社会において産業プロジェクトは政治的な営みになります。例えば、ブレント・スパール(9)といった廃棄物の問題や、また生産様式や生産計画に見られるように、これまで閉じられた扉の背後で「物事はそうなるものだ」と取り決められ、実行されてきたことが、公共的批判の集中砲火にいまや潜在的に耐えられなくてはいけなくなるのです[*17]。

　これは、行政と国家と経済と科学との間にあった古い「進歩への連携」に対する信頼がもはやなくなったことの結果です。産業は確かに生産性を高めますが、同時に正当性というものを危うくしてしまうからです。法規定は、もはや社会平和をもたらしません。なぜならば、法規定は危険によって生活に対する脅威を一般的なものにし、正当化するからです。その結果、政治と政治でないものの転倒という事態が生じます。政治が非政治的なものとなり、非政治的なものが政治的なものとなります。サブ政治の時代がやってくるのです（後出第2章を参照）。

V　グローバルな危険の類型学

この理論を用いる場合、グローバルな危険を三種類に区別することができます。

第一には、「良いもの」の反面として生み出された「悪いもの」をめぐる対立です。つまり、豊かさに伴って生じる環境破壊や技術産業上の危険のことです（例えば、オゾン層の破壊や温室効果、また遺伝子工学や生殖医学の予測不能、計算不能な結果などのことです）。

第二には、貧困に伴って生じる環境破壊と産業技術上の危険です。環境破壊が近代の成長志向の危険な陰の面であるだけではなく、逆に貧困と環境破壊に密接な関連があることを最初に示唆したのは、国連のブルントラント委員会でした。「不平等は、この惑星のもっとも重要な『環境問題』であると同時に、もっとも重要な『発展』問題でもある」[*18]。人口や栄養法や種の消滅や遺伝的な資源やエネルギーや産業や人間の定住化に関する統合的な分析は、これらすべてが関連し合っていて、お互いに独立して取り扱うことはできないことを示していますが、このことは結果的に正しいのです。「しかし、豊かさの結果としての環境破壊と貧困の結果としての環境破壊とには、本質的な違いがあるということを強調しなくてはいけない」とミヒャエル・テュルンは書いています。「豊かさに伴う生態系の危機の多くが、生産コストの外在化によって生じているのに対し、貧しさに伴う生態系の危機においては、貧者の自己破壊が問題となり、それは富む者に対しても副作用を及ぼすのである。確実に言えることは、豊かさに伴う環境破壊が地球全土に均等に広がっているのに対して、貧困に伴う環境破壊はその地域に限定的に襲いかかるもので、中期的に現れる副作用という形ではじめて世界に広がっていくということである」[*19]と彼は続けます。その顕著な例は、熱帯雨林の伐採で、目下年間約一七〇〇万ヘクタールの熱帯雨林が失われています。あるいは、毒物を含んだ廃棄物（輸入されたものも含む）と老朽化した大テクノロジー（例えば、化学産業、原子力産業、将来的には遺伝子産業、ならびに遺伝子工学や、人間遺伝学の実験装置など）もその例です。これらの危険は、開始され、そして中断された近代化過程といった文脈から生じたものです。これらの国々は、こうした破壊を防ぐための制度的、政治的な方策を持たないままに、環境や生命を危険にさらす技術的可能性を持った産業が成長することになります。

豊かさが原因であれ、貧しさが原因であれ、「通常の」事態において生じる危険が問題となっている場合、それらの危険はたいてい、予防措置や安全規定が存在していないために、また規定があったとしても穴だらけのために生じ、だからこそ世界に継続的に広まっていくのです。これに対して、第三の危険は大量破壊兵器(ABC兵器)の危険で、(それが脅威を与える可能性ではなく)その投入という点において、戦争という例外的状態に結び付けられることになります。東西対立の終焉後においても、核兵器や化学兵器や生物兵器による地域的な、あるいはグローバルな自己破壊の危険は決してなくなることはなく、むしろ、反対に超大国のにらみ合い状態という制御構造によって捉えきれないものになっています。軍事的、国家的対立の危険に、原理主義の(特色を持った)テロリズムや私的なテロリズムがさらにつけ加わります。将来的には大量破壊兵器の、国家による軍事的な利用だけではなく、その私的な利用が可能になり、それにより(政治的な)脅威を与える力を個人が手にすることが、世界リスク社会の新種の危険となる可能性を、しだいに排除できなくなっています。

これらのさまざまなグローバルな危険は、相伴って、先鋭化し合っています。つまり、わたしたちは生態系の破壊と戦争と中断された近代との相互作用を問わなくてはいけないということです。（例えば水のように）生活に必要な資源をめぐる武装紛争が勃発する場合でも、あるいは西洋のエコ原理主義者たちが、（例えば、熱帯雨林伐採の中止など）進行しつつある破壊を防ぐために、軍事的な介入を求める場合でも、生態系の破壊は、どのような形で戦争を引き起こすのでしょうか。貧困が拡大しつつある国が環境を最後まで搾取するのは、容易に想像できることです。絶望的な状態で（あるいは絶望を政治的に包み隠して）、生き残りのため他者の資源を、兵力によって手に入れようとするかもしれません。（例えば、バングラデシュの洪水といった）生態系の破壊は、結果的に戦争のような紛争に至る大量の難民の移動を引き起こすことがあります。あるいは、戦争をしていたり、敗北へと脅かされたりしている国々は、隣接している地域や大都市に原子力破壊で脅威を与えるために、原子力工場や化学施設を破壊したり、自爆したりするといった「最終的手段」を取るかもしれません。危険の源を互いに関係付けているような想像や脅威のシナリオというものには、際限がありません。そのことをテュルンは、共振効果によってすべての危機現象が、ひとつの大危機にまで至るような「破壊スパイラル」と呼んでいます。[*20]

いま述べたことはすべて、世界リスク社会の診断によっても確認されています。というのも、そうしたグローバルな危険化は、すべていっしょになって、これまで確立されてきたリスク理論の基盤を掘り崩し、失効させ、予見できるリスクの代わりに制御するのが困難な危険が支配する世界をもたらすからです。そのような新しい危険は、従来の安全予測の支柱をなくしてしまいます。被害には、空間的時間的な限度というものがなくなります。つまり、被害はグローバルで継続的なものとなり、一定の責任者に帰すこともできなくなります。責任者原則があいまいなものになり、力を失います。つまり、被害を財政的に補償することもできなくなります。グローバルな脅威スパイラルの最悪の結果に対して保険をかけることの意味がなくなります。その結果、最悪のケースが生じた場合のアフターケアのための方策が存在しないということになります。

この考察から、グローバルな危険はそれ自体としては存在せずに、東西対立秩序の終焉後に特に世界を襲うようになった貧困や民族間、国家間の対立と交錯し合い、認識できないぐらいまで重なり合っていることが明らかになるでしょう。そのことは、特にエヴァ・ゼングハース＝クノプロッホが示唆しています。それによると、ソ連崩壊後の各共和国においては環境破壊についての忌憚なき診断が、天然資源の帝国主義的利用という政治的批判と結び付けられます。「自分の領土」と語る場合には、この意味において同時に天然資源、そして自然の主権に対する権利要求になるのです。「ソ連の各共和国やブルターニュやオック語を話す南仏地方やコルシカ島での、軍事的で分離主義的独立運動において通常、言語と自然環境保護というふたつの動機が重なり合っているのは、偶然ではない。それらは両方とも、産業主義的な発展モデルに対抗し、経済的な不公平感を抱え、したがって、文化的なアイデンティティの問題とも結び付いた故郷擁護の意識なのである。（中略）摩擦の新たな境界線は（中略）、第一には『リスクの勝利者』と『リスクの敗者』という軸に沿って引かれるわけではない。この軸が意味をなす限り、むしろ結果としては当然新しい社会的、政治的、文化的対立に至るような大規模な難民の流れが生じることになるであろう。環境破壊と、自然の生存条件の危機に対する意識は、地域的、局地的にはずっと独立運動や正当性への要求と結び付いている。この結び付きは、特にこれまで『市民社会』が展開することがなかった、とりわけ旧東ブロックの『国家主義的社会』において、グローバルな危険が、民族国家主義的で、部分的に軍事的な境界設定という摩擦に重なり合う事態を招くことになるのである」[*21]。

2　世界公共性とグローバルなサブ政治の徴（しるし）、成立条件、表現形式

i　サブ政治の概念について

世界リスク社会について語ることは、グローバルな危険がある行為をすでにひき起こしている、ないしはある行為へとうながしていることを前提としています。その際、ふたつの視点（舞台と行為主体）を区別することができます。ひとつは、（例えば、国際的な条約や制度の育成といった）*上から*のグローバル化であり、もうひとつは、（例えば、政治システム、議会制システムの彼方にあり、既存の政治的組織や利益組織を疑問視するような新しい超国家的な行為主体といった）*下から*のグローバル化です。諸々の重要

な事実が上からのグローバル化と下からのグローバル化の相方の意義を裏付けています。例えば、国際的な環境協定の多くは極めて短い期間に、つまりこの二〇年間に締結されたということです[*22]。

リチャード・フォークは、上からのグローバル化が取り決められ、進められている一連の政治的舞台を挙げています。「中東の戦略的な石油備蓄に対する脅威についての対応、GATTの枠組みの拡大に向けての努力、核不拡散体制の強制的施行、南北の移民の流入と流出の抑止などがある。(中略)上からのグローバル化という法的な意味合いを持ったものが、これまでグローバル法のようなものを伴いつつも、ほとんどの点で『人類の法』とは一致しなかったような国家間の法に取って代わられるようになっている[*23]」。

グローバルな環境政策の分野において、これまでせいぜい取り上げられるとしても、焼け石に水のようなことが問題とされてきたということは、論証するまでもないことでしょう。しかし、同時に、センセーショナルな、文化横断的な、グローバルなボイコット運動により明らかになったのは、産業部門に対する公の政治の無力さは、すなわち古典的な舞台設定に対する無力さを表しているということでした。つまり、力のある下からのグローバル化の行為主体が、いまや登場したのです。それらは特にNGO（非政府組織）、例えばロビン・ウッド、グリーンピース、アムネスティ・インターナショナル、テール・デゾムといったものです。国連の推定によれば、世界に約五万もこうした団体があるとのことですが、その数自体はほとんど意味がありません。というのも、（ほとんど）どの団体もそれぞれに異なっているからです。『ツァイト紙』[10]では「新しいインターナショナル」について取り上げられています（マルティン・メルツ、クリスティアン・ヴェルニッケ『ツァイト紙』一九九五年八月二五日付九頁以下記載）。その新しいインターナショナルを定義すると、市場や国家といった椅子と椅子との間に座り、行動し、第三の勢力として政府や国際的な財閥や諸官庁への影響力を徐々に拡大し、その政治的な手腕を示しているものだと言えるでしょう。このような簡単な見取り図においては、「グローバルな市民権」（リチャード・フォークとバート・ファン・スティーンバーゲン）の特徴を示しているとも言えますし、わたしたちの言葉で表現すると、グローバルなサブ政治の新しい状況を示していると言えます。これらがどのようにして成立し、可能になるのか、次に吟味することにしましょう。

産業的近代の勝利の凱旋とともに、どこでも目的合理的な、秩序だった政治が実現されます。こうした時代の自己理解は、自らが原因となって生み出された制御不可能な部分を、制御可能なものとするようなメンタリティーですべてを把握することによって支えられていました。もちろん、この秩序と制御の仕方は、反対に作用します。不確実性と不安定性とが再帰することになったのです。このことをうまく処理しようとする試みすべての裏返しとして「第二の秩序」(ヴォルフガング・ボンス)の危険が生じるようになります。そうしてグローバルな危険という「副作用」の視角の陰で、そのように企図されたのではないにもかかわらず、社会的なものが(サブ)政治的なものに変わるようになります。経済、科学、私的領域と家族、政治というようにすべての行為の分野で、行為の基礎が、新たに正当化され、審理され吟味されなくてはいけないものになり、決断に至ります。このことを概念的にいかに把握すべきでしょうか。

「機能不全」とか「解体」といった言葉と同様、「危機」という言葉でもこのことを把握することはできません。というのは、それらは、まさにとどまることのない産業的近代化を疑問視する産業的近代化自らの勝利のことだからです。これこそが「反省的近代化」の意味するところです。つまり、このことは理論的には自己適用、経験的には自己変容（例えば、個人化やグローバル化の過程）です。政治的には正当性の失墜と権力の真空のことですが、それは国家理論家、トーマス・ホッブズによって明らかになりました。彼は周知のように強くて、権威主義的な国家を擁護したのですが、市民の抵抗権も挙げています。「国家が、生命を危険にさらすような状況をつくり出したり、またはそれを黙認して、その結果市民が食品や薬品や空気や、そのほか生命に必要なものを手放さなければならないというような場合には」、ホッブズによれば、「市民にはそうした状況を拒否する自由がある」ということになります。[*24]

政治社会に目を向けるならば、生態系の危機においては、基本権の体系的な侵害が問題となっています。そうした基本権の危機の社会的に不安定な長期作用は、決して過大に評価したものではありません。というのは、危険というものは産業によってつくり出され、経済的に外在化され、法的に個人化され、自然科学的に正当化され、政治的に無害化されるからです。グリーンピースが意図的に行なっているように、諸制度の権力と信頼性が損壊するという事態は、体制が試されるときに生じるのです。つまり、このことが世界社会のサブ政治化です。

「サブ政治」という概念は、国民国家の政治システムである代議制度の彼方にある政治を志向しています。その概念は、社会におけるすべての分野を動かす傾向にある政治の（最終的にグローバルな）自己組織化の兆しに注目します。サブ政治は、「直接的な」政治を意味しています。つまり、代議制的な意思決定の制度（政党、議会）を通り越し、政治的決定にその都度個人が参加することなのです。そこでは法的な保証がないことすら多々あります。サブ政治とは、別の言い方をするならば、下からの社会形成なのです。そのことによって、経済や科学や職業や日常や私的なことは、政治的議論の嵐にさらされることになります。この議論は、もちろん政党政治的対立という伝統的なスペクトルには従いません。したがって、世界社会的なサブ政治の特徴は、イシューごとにその都度形成される（政党、国家、地方、宗教、政府、反乱、階級といったものの）「対立の連合」なのです。しかし、決定的に重要なことは、サブ政治が政治的なものの規則と境界をずらし、解放し、網目状に結び付け、ならびに交渉できるものにし、形成可能なものにすることによって、政治を解き放つということなのです。

ii　シンボリックに演出された大衆ボイコット、グローバルなサブ政治のケーススタディー

一九九五年夏、善意に満ちた現代の十字軍、グリーンピースは、石油多国籍企業シェルが、採掘ボーリング島を解体したものを大西洋に沈めずに、陸地で廃棄するように導くことに成功しました。すると、この多国籍企業はフランスの核実験の再開を阻止するために、フランスのシラク大統領の意識的な規則破りを世間に訴え、非難しました。多くの人が、以下のように尋ねます。「グリーンピースのように法的権限がゆだねられていない行為主体が、国家主権や外交規範を考慮することなしに、独自の世界的な内政を進めていくならば、外交の根本的な規則は消滅してしまうのではないだろうか。自分なりの仕方で公衆を幸福にしてやろうという思いで、明日は、統一教会がやってくるかもしれない。明後日には第三の私的な組織がやってくるかもしれない」。

その際に、正しく認識されていないことがあります。それは、グリーンピースが石油財閥を屈服させたのではなく、世界中に演出されたテレビの告発を通じて、市民による大量のガソリンのボイコットが屈服させたということです。グリーンピースは政治システムを揺るがしたのではなく、政治システムに生じた正当性と権力の真空を可視的なものにしたのです。このことは、旧東ドイツで起きたことと、多くの点でまったくパラレルな関係にあります。

ここには首尾一貫してグローバルなサブ政治、ないしは直接政治の連携モデルが見られます。つまり、「本来は」連携する力のない人たちの連携が発生します。だから、ドイツのヘルムート・コール首相は、行政の長の直接的な市民としての抵抗という意味で、イギリスのメージャー首相に対するグリーンピースのアクションを支持したのです。例えば、ガソリンを入れるといった、日常的な行為にひそむ政治的な要素が突然発見され、利用されるようになりました。自動車のドライバーは石油産業に対して、互いに連帯しました（最初は、なれない食べ物を食べるときのように、時間をかけて呑み込まねばなりませんでしたが）。最後には、国家権力が、正当ではない行動や、その組織者と連帯するようになりました。このようにして国家権力の正当性という手段によって、国家権力との断絶、つまり直接政治の意図的な議会外での規則破りが正当化されます。その規則破りとは一種の「エコロジカルな私刑（リンチ）」によって、まさに間接的な法治国家の諸官庁や規則のせまい枠組みから抜け出そうと試みることなのです。反シェル連合によって、最終的に第一の近代と第二の近代との活動舞台の交代が生じました。国民国家の政府が観衆の席に座っている間に、第二の近代の、権威をゆだねられていない行為主体が、独自の脚本で出来事を決定的なものにしたのです。

核実験を再開するというフランスの大統領の決定に反対する世界中の反核実験運動の場合にはそれどころか、各国政府とグリーンピースの運動家とさまざまなプロテストグループのグローバルな連帯が、自発的に生じています。フランスが状況を見誤っているということは、以下のふたつの出来事に反映されています。このムルロア環礁での核実験についての決定と、広島・長崎の原爆投下五〇周年記念日が時期的に重なったこと、ならびにアメリカとロシアも参加したASEANフォーラムが、この企てを全会一致で非難したことです。しばらくすると「シャンパンのない地域」というアピールが行なわれ、さらには国際的な司教会議とスカンジナヴィア諸国政府の首脳会議が、この抵抗に加わりました。これらはすべて、国民国家や経済や宗教や政治イデオロギーの対立を超えた直接政治の瞬間的な連帯を示唆しています。例えば、この異議を唱えるためのグローバルな連合とその象徴的で経済的な権力は、欧州議会やフランス内部の世論が決してできなかったことを成しとげました。それは、現在（一九九五年八月中旬）すでにフランス政府が政策の転換を余儀なくされたことです。フランス政府は、「平和の戦艦」というインターナショナルの機先を制するために、あらゆることを行ないました。ムルロアは予定されている一連の実験の後には、核兵器の実験施設として留まる必要はなく、それどころかバカンスの島に復帰できるよう「再楽園化」されるとフランスは主張しました。このグローバルな直接政治の力の可能性を前に、「これはまだ最終的な撤回の申し出ではないだろう」といった皮相な解釈をする必要はほとんどないでしょう。第二の近代のこの政治の特徴というものは、「グローバル性」は社会的にだけでなく、道義的、イデオロギー的にも実際に誰も、そして何も排除しないことにあるのが、同時に明らかになるでしょう。最終的に考えるならば、一種の「敵のない政治」、反対者や抵抗のない政治が中心となるのです。

政治的な意味での新しさは、ダビデがゴリアテに勝利したことにあるのではありません。[11]そうではなくて、ダビデとゴリアテが一緒になって、しかもそれがグローバルな形で、最初は多国籍企業に対して、また別の時には国民国家の政府やその政策に対抗するのに成功しているということです。より高度な意味で正当なこと、つまり世界(環境)を救うための、地球的な規模での、議会外権力と議会権力、市民と政府との連帯こそが新しいのです。

ここで明らかなのは、伝統的世界の後の世界が、無規範的な個人化に溶解していくのは、見かけのうえにすぎないということです。非常に逆説的なのですが、その世界は、グローバルな危険の挑戦によって、ナショナルなものを超えた再モラル化、行動、抵抗の形式やフォーラムやヒステリーのための新たな源泉を有することになります。身分意識や階級意識、進歩信仰や没落信仰、共産主義という敵対像の代わりに、世界（環境）の救済という人類のプロジェクトが登場しうるでしょう。グローバルな危険は、歴史的な瞬間に、少なくとも部分的に、グローバルな共同体をつくり出します。

当然のことながら、例えば反シェル連合は道徳的に中途半端で、疑わしいものでした。それはあきらかに、偽善的なものに基づいていました。ヘルムート・コール首相は、例えばドイツの高速道路の際限のない高速度政策がヨーロッパの空気を汚染していることを、彼にとってはまったく損失とならないこの象徴的な行為によって、隠すことができたのです。

ドイツの緑色ナショナリズムや、知ったかぶりする人たちもまた、ひそかに発言を求めました。多くのドイツ人が、緑色の大きなスイスのようなものを望んでいます。彼らは、環境を大切にする世界の良心というドイツを夢見ています。ここには、いまや環境保護という動機に基づいた第二の「償い」が、今度の場合は環境問題においての「再優越化」が現れてはいないでしょうか。そして、それは環境問題とは、まったく異なったものに、つまり一種の世俗化され個人化された社会の一種の宗教になっていないでしょうか。グリーンピースが、ある日ドイツの高速道路における高速テロを防止するために、メルセデスベンツやフォルクスワーゲンに対するボイコットを国際的に呼びかけ、スイスやスウェーデンやデンマークやオーストリアの支持、そしてフランスの支持も得られたとしたらどうでしょうか。[12] フランスはヨーロッパ自動車市場において環境問題とは関係なくクールにメリットを期待し、この目的のためにグリーンピースといういやな奴を受け入れてもいいという理由で支持をするでしょう。しかし、政治の教訓はモラルの教訓とは別です。コール首相からグリーンピースの女性活動家まで、ポルシェの崇拝者から火炎ビンを投げる人に至るまでの、互いに相容れないようなさまざまな信念のこの連帯においてまさに、政治というものの新しい質が示されているのです。

経済においても、状況は急変しました。例えばシェルは、問題を解決するために自分の視点からあらゆる可能なことを行ないました。彼らは、(採掘された島を)海に沈めるという合意を、政府と専門家と行政と交わしました。それは、彼らにとっては最善の解決策だったのです。しかし、彼らがそれを実行に移そうとしたとき、期待とはまったく反対のことが起きました。つまり、市場崩壊の危機に直面することになったのです。その教訓は、リスクの議論においては専門家による解決はないということです。というのは、専門家はたしかにいつも事実についての情報は有していますが、これらの解決策のどれが文化的に受容されるかということは、決して判断することができないからです。

これもまた新しい点です。政治とモラルは専門家の合理性に対して優位に立つことになります。このような政治化によってそれぞれの「シングルイシュー」を超えて、有力な環境政策を展開していけるかどうかは、別の問題です。ここには、各国政府の政治と混同してはいけないグローバルなサブ政治化の限界があります。だからといって反対にこの発展が、非合理的なものであるとみなしては断じてなりません。というのは、その発展は代議制的な、国民国家的・議会制的政党民主主義とは異なった共和制的近代のあらゆる特徴を以下のように示しているからです。多国籍企業と各国政府の行為は、世界公共性の圧力にさらされるようになります。その場合、グローバルな行為の連関への個人的、集合的参加が決定的なものになり、注目に値するようになります。市民は購買行動がいつも、そしてどこでも政治的に利用できる直接的な投票用紙であるということに気付きます。ボイコットという行為においては活発な消費社会と直接的民主主義が世界的に結び付き、連帯するようになります。

このことは、例示的に言うならば、カントがちょうど二〇〇年前にその著作『永遠平和のために』において世界市民社会のユートピアとして提起し、彼が「専制的」と呼んだ代議制民主主義に対立させているものに近いものです。つまり、それは組織の代表者だけではなく、諸個人が直接、政治的な決定に参加できるようなグローバルな責任連関のことです。それは、同時にアメリカにおいて現在「技術的な市民権」として議論され、要求されているもの、つまり技術的な発展の「無人支配」に対する民主主義的基本権の提訴と言ってよいでしょう。

ラングドン・ウィナーは自著『自律的なテクノロジー』において、技術発展に関するほとんどの社会科学的分析は、「テクノロジーが立法を要求している」という言明と「テクノロジーが立法である」という言明との違いを認識していないという結論を出しています。ルイス・マンフォードは三〇年以上前に、「巨大な技術システムは現代の専制をもたらす上で最も強い影響力を持つ形式と源泉になっている」と書いています。アンドリュー・ツィマーマンは、社会的自律は技術的自律によって空洞化されると議論していますが、そこでも同様の事態が語られるのです。第一の近代においては、市民の安寧と「自由」は技術システムの安寧と自由の一機能です。[*25] それに対して技術的な参加に対する要求が、以下のように効力のあるものになります。「技術的な市民権の地位が享受される場所は、あるいは国家、州、地域であったり、またグローバルなレヴェルであったりする。さらに、それらの間にあるさまざまなレヴェルのものであるかも知れない。言い換えるならば、人は（中略）チェルノブイリと類似するプラスティック爆弾製造現場の技術的な市民でもありうる。グローバルなスケールで見た場合、技術的な市民にとって、核不拡散条約によってカバーされた特権地域はもはや存在しない。つまり、こうした危険地域から隔離されたネットワークのなかの特殊な非核ゾーンといった場所はどこにも存在しない。（中略）現在では、そんな特権的な場所はどこにもあり得ない。技術のインパクトから守られたこうした『特権地域』を意味あるようにする場所は――ましてやそうした『特権地域』内の市民権などは――ない。しかしながら、そうした技術的インパクトが及ぶ場所のどこに住んでいようとも、技術的な市民になる道がない訳ではない。もし、そこに住む住民たちが一連の機構を作り、技術のインパクトに関して住民に保護ないし利益をもたらす防御膜を作るための労を厭わないならば。あるいは、権利と義務からなる防御膜を作る労を厭わないならば。この防御膜によって、住民には明確かつ包括的な目的を帯びた王国市民としての地位が与えられるのである」[*26]（フィリップ・フランケンフェルト）。

「市民権」の新たに獲得されるべき規範的な目標として、フランケンフェルトは、政治体メンバーの(1)自律、(2)尊厳、(3)疎外に対抗するものとしての同化を挙げています。そこには結果として以下のことが含まれます。(1)知識や情報に対する権利、(2)参加する権利、(3)インフォームド・コンセントへの権利、(4)集合体と諸個人への全体的な脅威の制限を要求する権利。

グローバルな技術的参加の直接性は、例えば購買行動と投票用紙の統一のなかにも見られます。ここには中間審級組織も、代議制的な意思の仲介も、官僚制も、放水機も、選挙人名簿への登録もありませんし、ガードマンもいませんし、デモ申し込み用紙もないのです。これは、諸個人にはなんら損失をもたらすことなく、いわゆる台所のメモ用紙でできるような直接的でアナーキーな、いつでもどこでも可能な政治と抵抗の形式なのです。このようにして政治が日常行為に織り込まれた構成要素となりますし、同時に（ポストトラディショナルな）コスモポリタン的な秩序（非秩序）へのアクティブな統合を促すことになります。

しかし、「グローバルな技術的な市民権」というこの直接的な政治の場と手段とメディアとは、何なのでしょうか。世界リスク社会における政治的な場は、街頭ではなく、テレビなのです。その政治的な主体は労働者層や、その組織である労働組合なのではありません。その代わりに、産業社会の行為者や消費者たちが罪悪感のはけ口とすることができる、文化的象徴の、マスメディアによる演出が登場します。これに対する評価は、以下のように三つの側面から具体的に説明することができます。

第一に危険が抽象的な形で遍在するような状況で、破壊と抵抗が象徴的に媒介されます。第二に生態系の破壊に反対する行為では、誰もが自らの反対者でもあります。第三に生態系の危機は、文化的な赤十字の意識をつくり出し、育んでいきます。グリーンピースのようにこうしたことを標榜する人々は、エコロジー問題において貴族のような地位にまで高められ、ほとんど制限なく額面を書き込める白紙小切手のような信頼を得られるようになります。どちらが正しいかわからない場合には、グリーンピースのような人々が信じられ、産業行為主体の情報が信頼されなくなります。

ここには直接制的な政治の重大な限界があります。人間というものは、「シンボルの森」をさまよっている子どもです（ボードレール）。別の言い方をするならば、人間はメディアのシンボリックな政治に依存しているのです。このことは世界リスク社会がもたらしている破壊の抽象性と現存に、まさに当てはまります。ここでは文化的な神経が刺激されるような、経験可能で、単純化されたシンボルが政治的に重要な意義を獲得します。こうしたシンボルが創出され、鍛えられなくてはいけません。しかも、はりつめ、驚愕した公のテレビの視線の前で、対立へと挑発するような燃えさかる火のなかで、鍛えられなくてはいけないのです。問題の構造的な性格を一方で発見し、示し、他方では行為を可能なものにするようなシンボルを、誰が、どのようにみつける（つくり出す）のかということが決定的な問題です。後者の、行為を可能にするシンボルは、単純で、受け入れられやすいほど、また動員された公共性という抵抗の行為が、各個人にとって低コストなほど、そして誰もが自分の罪悪感をなだめやすいほど、成功したものとなるのです。

単純さ、というのは多くのことを意味しています。第一にそれは伝達可能であるということです。わたしたちの誰もが環境に対して罪があります。シェルが石油の島を海に沈めようとしたときも、運転している自動車からコーラの缶を投げ捨てるのと同じように、わたしたちの誰もがムズムズとしたのです。この「みんなにあてはまる状況」ということが、シェルのケースを（社会的な構築に従って）「見直すことの可能な」ものにしているのです。しかし、両者には、裁判所の無罪判決を勝ち取る可能性において、明らかに罪の大きさによる本質的な違いがあります。第二には、道義的な呼びかけです。例えば、「上の方にいるやつらは」政府と専門家のお墨付きによってゴミだらけの油のボーリング島を大西洋に沈めることができるのに対して、「下の方にいるわたしたちは」世界を救うために、どんなティーバッグもひとつひとつ紙と糸とお茶の葉というように三つに分けて捨てなくてはいけないのだといった具合です。第三には、政治的な機会です。コール首相は、フランスの核実験に対するグリーンピースの行動においてもグリーンピースを支持し、シラク大統領に実験の中止をするよう介入するでしょうか。そうではないでしょう。というのは、ここではナショナルな権力のポーカーゲームが問題となっていて、シェルの市場利益だけが問題となっている訳ではないからです。第四には、多様な行為の可能性です。シェルに当てはめるならば、人々はシェルと競合する企業のところで「道義的に良い」ガソリンを入れなくてはいけなかったし、入れることが可能であったということです。各国政府がフランス製品のボイコットを世界中に呼びかけるならば、もちろん全てが新たな次元を獲得することになるのです。第五には、エコロジカルな免罪行為です。ボイコットは産業社会の罪悪感によって意義を獲得しています。というのも、ボイコットによって無料で一種の「絶対的自我」を演出することができるからです。

グローバルな生態系の危険は、近代の一般的な意味の喪失や空洞化とはまったく反対に、回避すること、防御すること、助けることといった意味の地平をつくり出し、危険の認知される度合いに応じて激しさを増すモラルの風土をつくり出します。そして、その風土のなかではヒーローと悪党のドラマティックな役割が政治的意味を獲得しているのです。生態系上、産業上の自己危険化という座標軸における世界認識は、モラルと宗教と原理主義と展望の喪失と悲劇と喜劇を、反対のものである救済、援助、解放と組み合わせ、普遍的なドラマにします。経済界は、この世界的な悲喜劇において毒を入れる者の役割を受け入れるのか、ヒーローと援助者の役割を演じるのか、選択する自由があるようになります。これこそがグリーンピースが無力さを巧みに利用することでその存在感を印象付けることに成功した背景です。グリーンピースは、環境に対して罪がある人の巨大な力を自分自身に作用するようにしむけ、一種の柔道のような（巧みな）政治を追求しているのです。

グリーンピースの人々は、多国籍的なメディアを操るプロフェッショナルです。安全性や管理をめぐる規則の布告と侵犯との矛盾という罠が、あたかも巨大勢力（財閥や各国政府）が盲目的に権力にふらふらと引き寄せられ、そして、（世間はこうしたことを喜ぶものですが）テレビカメラの前でもがいているといったように呈示されるのが有利である、ということをグリーンピースの人々はよく知っているのです。ソローとガンジーは喜んでいたでしょう。[13] というのは、グリーンピースは世界中の市民の大規模な抵抗をメディア時代特有の手段において、そしてその手段によって演出しているからです。グリーンピースは政治的なシンボルの鍛冶場です。対立に白黒を付けるという芸術的な手段によって文化的な罪と罪のシンボルとを考え出し、それらは抵抗を束ね、集団の罪悪感がはけ口とすることができる避雷針になっているのです。（東西対立という敵対像の消滅後の）敵のない民主主義において、こうして新たな明確性と怒りのはけ口がつくられます。これが、シンボル政治の世界中の喧騒が集まる場のひとつであり、またそうあり続けるでしょう。石油ボーリング島が陸地で廃棄処理されると、世界の状況の一体何が変わるのでしょうか。またフランスの核実験が最終的には行なわれなかったとしたら、そうしたことすべては、世界リスク社会における本質的な挑戦から目をそらされるという、こっけいな事態を表しているのではないでしょうか。

しかしそれぞれの「シングルイシュー」ではなく、政治の新しい連関に注目するなら、成功体験が勇気を与えてくれるでしょう。文化を超えた市民の抵抗の諸対立がゲームのように結合することによって、世界市民社会はその直接の権力を体験します。周知のように、成功ほど伝播しやすいものはありません。熱狂に包まれたい人は、大衆スポーツと政治がグローバルな基準で互いに混じり合っているのに気付くことになるでしょう。ここで展開されているのは、フランスのシラク大統領と彼の偉大な国家（グラン・ナシオン）がKOされるまで、世界中で何週間もラウンドが繰り広げられるのをアクティブな観衆が見守る政治的なボクシングなのです。それに対しては普通のテレビの娯楽番組は対抗することはできません。娯楽番組には、現実を打ち砕くようなパンチが欠けているだけではなく、近代の世界救済のエコロジカルな栄光の輝きが欠けているからです。そしてこの救済には反対もありませんし、野党ももはやいません。いずれにせよ、このケ゛ー゛ス゛ス゛タ゛デ゛ィ゛ー゛によって、政治や民主主義の終焉、あらゆる価値の衰退といったことについて流布している言葉、文化批判の全決まり文句が、まったく愚かなものであることがわかったでしょう。というのも歴史に対してそれらは目をふさいでいるからです。「実感できる」成功を手にするためには、ただほんの少しの直接的な参加さえあればいいのです。そして、そうした参加の機会はいつでもすぐそこにあるのです。

危険というものを意識化することによって、世界リスク社会は自己批判的になります。その基盤や座標やあらかじめ刻印された連携は、動揺するようになります。政治的なものがこれまでとは違った形で新たに生まれ、噴出します。しかも、公的な権限やヒエラルヒーを超えたところでそうなります。つまり、わたしたちは政治的なものを、間違った場所で、間違った概念で、間違った段階で、間違った新聞の紙面で探しているのです。産業資本主義モデルにおいて政治的なものの陰におかれてきた広告、経済、管理、消費、科学、私的なことといった決定領域が、反省的なリスク近代においては政治的な議論の嵐に巻き込まれるのです。なぜそうなのかということを理解したい人は、つくり出された危険の文化的、政治的背景を考えなくてはいけません。

危険もまた主体性と歴史が外化され、束になったものです。危険とは一種の強制的、集合的な記憶で、わたしたちが見ている、わたしたちのおかれた状況のなかに、わたしたちの決定と誤りが存在していることを思い出させます。グローバルな危険は、産業主義の全時代の過ちが具現化したものであり、抑圧されてきたものの一種の集合的な回帰なのです。それを意識的に進めることが、産業の宿命論の呪縛を打ち破るチャンスになるかもしれません。誰かが機械の廃止のために機械をつくろうとした場合、その人はお手本として生態系の自己危険化の設計図を用いなくてはいけないでしょう。それが、自らがのりこえられることを希求している危険の具象化です。このことは、正直に認めると世界リスク社会におけるサブ政治のわずかなチャンスなのです。

上からの世界（環境）政治の必然性を認めるならば、東西対立の終焉後のヨーロッパと世界が陥っている真空状態を、主体的な側から把握する可能性が残っていることがわかるでしょう。わたしたちの運命は、政治的なものを新たにつくり出す必要性にあるのです。

【原注】

＊1　一〇年前にこの意味でもう少し内容濃く、わたしは以下のように提示した。リスク社会において、そしてリスク社会とともに、「国民国家内部の、そして国民国家間の全ての保護領域と社会分化とを喪失させる」激しい危険が現れてくるだろう。「リスクの生産から利益を得る国々、産業部門や企業と、他方では、健康面、経済面で脅かされているのを感じる国々、産業部門や企業が生まれる。現在の地平にも入り込んでくる将来の頂点で、産業文明が世界リスク社会における『国々の戦い』へと変貌する」(Beck 1986：61f；1990：10, 116)。この概観的なテーゼには、例えば国際政治や国際紛争の研究といった学問の成果や議論による概念の説明、区別、証明、修正、充実化を提供すべきときが来ている。この論文ではそうした試みがなされることになる。

＊2　反省的近代化の理論におけるさまざまな立場については、ベック、ギデンズ、ラッシュの共著(Beck, Giddens, Lash 1994)を参照。

＊3　自然についてのさまざまな根本的理解の精神史的、理論史的表現については、マイヤー＝タッシュ(Mayer-Tasch 1993)、自然の終焉後の自然概念をめぐる議論については、ベーメ『技術的に再生産可能な時代の自然』(Böhme 1991)、文化理論の視点における環境運動や産業経営の潜在的に普遍的であると同時に、サブカルチャー的に多様な種類の自然像については、M・シュヴァルツ、M・トンプソン(Schwarz, Thompson 1990)、ならびに近代社会における自然像一般についてはR・ヒッツラー(Hitzler 1992)、ファン・デンデール(van den Daele 1992)を参照。

＊4　G・ベン（Benn 1986：71f）。

＊5　U・ベック（Beck 1986；1988）、M・エクスル（Oechsle 1988）。

＊6　社会学がその創立時における自然科学との分業の範囲で、厳密に自然を他者、環境、所与として抽象化することができた社会学史の長い時代がここで終わりを告げている。自然についてのこうした見通しは、自然に対する社会学の一定の関係を表している。コントがこのことを包み隠さずに、言葉にしている。彼は、来るべき市民的産業社会を通じて、諸国民の征服関係を自然の征服関係に取って代わらせようとしたのだった。このようにして社会内部の対立を緩和しようとしたのだが、このことは今日までその意義を失っていないモティーフである。自然の抽象化は、自然の支配を前提としている。マルクスが労働過程と生産過程として把握した自然の消費過程は促進された。今日「生態系の市民権」（エコロジカル・シチズンシップ）について語るとき、つまり基本権を動物や植物などにも適用しようとするとき、この従属抽象関係の発生はまさに極端に反対のものとなって、言葉にされるのである。

＊7　マルギット・アイヒラーは、環境問題の社会的内容を探求するために彼女が行なった小規模の社会学的実験について報告している。彼女は『グローブ・アンド・メール』ならびに他の新聞を読んで、それらを体系的に分析し、それらが、きわめて自然科学的な危険の報道によって文字通りあふれているという結果を出している。全体像として、それらの記事は際立った環境危機にさらされている世界像によって構成されている。「わたしたちを恐怖で圧倒し、私的生活だけではなく、職業についても新たに考え直すことを強制するよう

な高い要求を持つ知識というものに対して、われわれ科学者共同体は意図的に障壁をつくっているというのがそこからのわたしの結論である」M・アイヒラー（Eichler 1994：392）。

＊8 ところで、文化理論の超時間的で、文脈から独立した一般妥当性に対する要求を、文脈に即した正確性、相対性、文化的な構築性とを一致させることは、また難しいことである。どのような文脈と文化から、このほとんど疑念のない普遍主義が生じているのだろうか。西洋中心主義の示唆によらずにそれに答えるのは、難しい。

＊9 B・ラトゥール（Latour 1993）。彼の著作『わたしたちは決して近代的ではなかった』は、もちろんここ数年の技術社会学において傑出した、極めて挑戦的な著作である。

＊10 C・スプレットナク（Spretnak 1989：128f）。M・アイヒラー（Eichler 1994）による引用。

＊11 Y・キング（King 1989：22f）。M・アイヒラー（Eichler 1994）による引用。

＊12 D・ハラウェイ（Haraway 1984：66）。

＊13 シャーピングとゲルグ（Scharping, Görg 1994：190）。また、E・ベッカー（Becker 1990）を参照。

＊14 「政治というものは、共有化された現実規定に基づく言説・連合の創造の過程である。信用性と受容性と信頼が、世界形成の過程がどの程度成功するかを決定しているとわれわれは示唆した。これは、結局、反省的な制度的編成を企画しようとするならば、言説連合の社会認知的基礎を考慮に入れるべきであることを暗示している。例えば、第三世界の論壇

がグローバルな環境問題が新たに構築されることに対して異議を唱えているという事実は、グローバルな脅威の重要性に対する科学的な疑いのせいではないように見える。それはむしろ、世界銀行のような『アジェンダ21』で中心的な役割を与えられている超国家的な制度を彼らがまったく信頼していないためである可能性が強い。(中略) したがって反省的な制度編成は、決して前もって考えられた問題規定に基づくものではないのである。もちろん反省的な実践は、大部分社会問題を構築するよう志向すべきである」(Hajer 1996 : 280, 287 ; Bonß 1995)。

*15 拙著『政治的なものの創造』の書評において、ヴォルフガング・ファン・デンデールもまたこの重要な基準に違った視点で取り組んだ。彼は以下のように言う。「(原子力発電所の経営者の場合のような) 技術的事故の結果全体に対する責任は、多くの場合実際のところ民間保険の容量を超えている。しかし、そのような事故やほかの危険によって生じる個人の損害のカバーについては、民間による保険範囲に限界が設けられているわけではない。原子力発電所や化学工場のそばに住んでいる者にも、生命保険が提供される」。興味深いことに、これは誤りである。事実は、逆である。原子力発電所周辺の個人の被保険者が生命保険の契約を結ぶのは、極めて困難なのである。

ファン・デンデールは、以下のように続ける。「気候変動の結果、ある地域の暴雨の損害が劇的に増えるならば、保険料は今日台風やハリケーンや地震によく襲われる地域に該当する水準まで上昇するであろう」と。その上昇度は、この地域全体が「保険のない領域」になったり、保険会社が世界中で危機に陥る程にまで達するであろう。「さらに保障可能性の限界は、増加する客観的な危険に対応して生じる事態にのみあるのではない。その限界は、責任の帰属をめぐる枠組みの変化によって生じているのである」。というのも「タンカー事故の影響は、海岸の洗浄、死んでしまった海鳥、観光客の減少が海運会社の責任とみなされるやいなや、保障可能性の限界を超えるのである。しかし、その影響それ自体は（まさに責任ということを除けば）、以前、当事者や一般の人たちが耐えるべき不幸としてとらえられていた時代より、大きいわけではない。アメリカのいくつかの州では、出産の際の助産のリスクは『保障可能性の届かないところ』にある。というのも、裁判所が医療ミスに関しては、恣意的に高額の損害補償要求を認めているからである。知られざる危険に対してその責任が無制限になるような場合には、多くの行為に保険がかけられないことを意味している。（例えば遺伝子工学のように）新しい技術の導入のためにそのような責任を要求する人たちがいることは、危険の客観的な可能性というよりはむしろ技術の政治的拒絶に対する度合いを表している」。ここでは、わたしだったらしないような区別がなされている。両方の視点は「現実主義的＝構築主義的な視点」のひとつにまとめられるのである。

ファン・デンデールは、以下のように結論を出している。「どこまでを保障できるか、といった限界には、明らかな指標はない。その限界は、危険がより大きくなったのか、あるいはリスクについての認知が以前より鋭くなったのかを区別しない。両方の要素がリスクのある世界に生きているという意識をつくり出しているのであれば政治的には、どちらでもいいことかもしれない。しかし、社会学的にはこれらの要素の区別には重要な問題が結び付いている。その問題とは、なぜさまざまな国々で一定のリスクと不安定性が、異なった形で危険となるのだろうかということである。フランスでは多くの原発が稼動し、アメリカにおいては遺伝子操作された有機物が多数出回っているのに対し、ドイツではなぜ明らかに『リスク社会』への道を進んでいこうとするのだろうか。それぞれの国の歴史、法体系、政治的決定のヒエラルヒーの浸透性などは、どのような役割を果たしているのだろうか」。わたしもまたこの問いを重要と考える。それは決して非難などではなく、「さらに研究を要する」というモットーで、生産的に問題を解決していくための視点を提示しているのである。ファン・デンデールの議論の特徴は国民国家のリスク社会という枠組み内部においてのみすべてのことを議論していて、世界リスク社会というグローバルな危険のダイナミズムが射程には入っていないということである。この点については次節「グローバルな危険の類型学」を参照。

＊16　リスク対立の論理については、C・ラウ他（Lau u.a. 1990, 1994）、D・ネルキン（Nelkin 1992）、ヒルデブラント他（Hildebrandt u.a. 1994）、ヘンネン（Hennen 1994）。

＊17　こうした討議への新たな圧力の例は、一九九五年の夏に産業界と政治との間でなされたいわゆる「自動車合意」であるが、それが守られるかどうかはまったく不透明である。「政治による独自の施策や約束を並べ立てることによって、フォルクスワーゲン、BMW、メルセデスベンツ、ポルシェなどの自動車メーカーは、ドイツがひきつづき自動車の生産拠点としてとどまるように模索している。各メーカーの本拠地があるニーダーザクセン州、バイエルン州、バーデンビュルテンベルク州との共通の合意書において、特に環境に配慮

した自動車の改良を各社は義務付けられている。さらに安定した雇用関係を目標とすることを各社とも明言している。前提となっているのは、政治が、枠組みとなる明確な条件を設定し、税金や社会保険費などの賃金付帯費用といったさらなる負担を企業が強いられることなく、また自動車のドライバーが一様の速度制限を課せられることのないようにするということである。二〇〇〇年には遅くとも、三リッター自動車が市場に登場するだろうとの見通しが示された」と『フランクフルター・アルゲマイネ新聞』（一九九五年八月一二日付）が報告している。

＊18 United Nations（U. N. 1987：6）。

＊19 M・テュルン（Zürn 1995：1）。この著作から、この類型のアイディアとデータが引用されている。

＊20 ウルリッヒ・フォン・ヴァイツゼッカーは、「昔は天然資源をめぐる武装紛争が生じていたが、今日や将来においてはこのような紛争はより一般的で、グローバルな財貨と脅威をめぐるものになる」と示唆している。「アルゼンチンやチリの新聞ではここ数年つねに、基本的に北半球の産業国家によってひき起こされ、南米の南端の人々や動物にとってアクチュアルな脅威となっているオゾン層の破壊について報じている。世界中で、南方の島国は一九九〇年ジュネーブ第二回世界気候会議以来、独自の外交グループ（ＡＯＳＩＳ）として定着していった。海抜が急激に制御できない状態で上昇するかもしれないという恐れからそのグループはますます増大する温室効果に対抗しようとしている。特に日本とロシアの船舶による世界中の海での過剰な漁獲によって、環境保護関係者だけでなく、狭い空

間での漁獲に依存している数多くの国家にその計画を呼びかけることとなった。また熱帯雨林からとった木材のボイコットによる熱帯雨林保護のための議論全部が、一九九二年六月のリオデジャネイロの国連環境開発会議の前哨戦ですでに、先進国と森の多い熱帯の国々との間に深刻な外交的緊張関係を呼び起こすことになった。

このような新種の環境をめぐる紛争の終焉は、まだ見られそうにない。世界の気候やグローバルな種の多様性やオゾン保護のための処置や大洋を含む水資源の深刻化する脅威、ならびにますます増加する人口密度によって、当事者たちの苛立ちが増している。環境をめぐる新しい紛争が求めているのは、個々の国家の領土に帰属する天然資源というよりは、むしろ環境財全般なのである。国際法はこれまでこうした共通の財産のあつかいに非常に困っている。この環境をめぐる紛争の緊張が、より大規模な戦争やそれどころか第三次世界大戦を引き起こしかねないほど高まる可能性も、否定することはできない」(von Weizsäcker 1995: 57)。

＊21 E・ゼングハース＝クノブロッホ (Senghaas-Knobloch 1992: 66)。

＊22 どのような枠組みの条件で国際的な体制を築くことができるかという問題に関しては、テュルンを参照 (Zürn 1995: 117)。

＊23 R・フォーク (Falk 1995: 117)。

＊24 T・ホッブズ (Hobbes 1968)。

＊25 A・D・ツィマーマン (Zimmerman 1995)。

＊26 Ph・J・フランケンフェルト (Frankenfeld 1992)、ツィマーマン (Zimmerman 1995)

による引用。ファン・B・ステーンベルゲン（van Steenbergen）ならびにD・アルチブギとD・ヘルト（Archibugi, Held 1995）の寄稿を参照。

【訳注】

（1）ベックは近代化を二段階に区分する。第一段階は単純な近代化と呼ぶべきもので、通常の意味での産業化を中心とした近代化のことである。第二の近代化は、環境問題の解決というように第一の近代化が行き詰まり、反省する必要が生まれた段階の近代化のことで、反省的近代化（reflexive Modernisierung）と彼は命名する。詳しくは、Ulrich Beck, Anthony Giddens, & Scott Lash, *Reflexive Modernization*, UK：Polity Press 1994（松尾精文ほか訳『再帰的近代化』而立書房）を参照。なお同書の訳者たちは独文の reflexiv、英文の reflexive を「再帰的」と訳し、『危険社会』の訳者たちは「自己内省的」と訳しているが、拙訳では文脈から考えて「反省的」の方が的確と思われるので、以下そう訳すことにする。またこの二段階については本講演のなかでも後に言及される。

（2）シュペングラー（一八八〇〜一九三六）はドイツの思想家・歴史哲学者。第一次大戦後にヨーロッパ文明の危機を強く意識し『西洋の没落』を書き、西洋文明は今や没落期にあると極めてペシミスティックな主張をした。ここでベックが新シュペングラー主義と呼んでいるものは、社会の変動というものを文明決定論にゆだねてしまい、政治的行為を含むあらゆる能動的行為による改良や革新の可能性を否定した思想と思われる。

（3）サブ政治（Subpolitik）は、ベックのリスク社会論の中核をなす概念である。新たな社会の輪郭が、議会での話し合いや行政府の決定といった政治によってではなく、電子工学、遺伝子工学のような技術＝経済的発展によって決められるようになり、その結果、技術＝経済的発展が、政治のカテゴリーにも非政治のカテゴリーにも属さない、第三の形の政治になることを彼はサブ政治と呼んでいる。詳細は Beck, *Risikogesellschaft : Auf dem Weg in eine andere Moderne*, Frankfurt a.M. 1986, S. 301-306（東廉・伊藤美登里訳『危険社会――新しい近代への道』、法政大学出版局、一九九八年、三七七―三八三頁）を参照。

（4）ゴットフリート・ベン（一八八六～一九五六）は二〇世紀初頭から半ばまでの表現主義を代表するドイツの詩人。作品の根底には、一貫して合理主義進歩思想への鋭い懐疑と、そこから生まれるニヒリズムがあると言われている。

（5）サイバネティクスとはアメリカの数学者ノーバート・ウィーナーにより提起され、ある目的を達成するために必要な情報処理と制御に関する技術論と、これをいわゆる自然科学だけでなく人間・社会を解明するためにも必要とした学問体系のこと。フィードバックは、サイバネティクスの基礎理論のひとつで、制御の結果の良否を、制御を逐次改善するための信号として用いる自動制御論のことである。

（6）モンテーニュ（一五三三～一五九二）は一六世紀フランスの人文主義者。ストア主義や懐疑論の影響を受け、自然との調和や人間本性についての考察を隠遁生活によって行なった。

（7）現実主義（Realismus）と構築主義（Konstruktivismus）は、社会科学認識論上のふたつの対立する立場のことである。現実主義は、認識する主体とは独立して客観的現実というものが存在することを前提とする。その反対に構築主義は、認識する主体から独立した客観的現実というものは存在せず、客観的現実と考えられているものも認識する主体間の相互作用によって構築されていくという立場をとる。

（8）ヴァルター・ベンヤミン（一八九二〜一九四〇）はドイツの批評家、思想家。フランクフルト学派のホルクハイマー、アドルノらと親交を深め、マルクス主義、神学、美学など、幅広い学問的基盤を統合し、文芸批評や文明論や歴史哲学などに独自の業績を残した。ここでベックが「寓話の天使」と呼んでいるものは、ベンヤミンが画家パウル・クレーの作品「新しい天使」を購入し、以後その作品に影響を受けて文筆活動を展開し、特にベンヤミンの絶筆となった「歴史の概念について」の第九のテーゼで「強風は（歴史の）天使を、彼が背中を向けている未来の方へ、抵抗ができないよう運んでいく」と述べている部分を指していると思われる。

（9）ブレント・スパール（Brent Spar）とはシェル石油が、北海油田における採掘及び貯蔵のためつくった北海の海上に浮かぶ施設のことである。一九九五年初頭シェルは、この施設が老朽化したため、これを大西洋の北の沿岸に沈める方針を発表。イギリス政府もこれを許可したため、グリーンピースなどの環境団体が数か月間に及ぶ反対運動を組織化し、ヨーロッパ諸国の多数の市民がシェルのガソリンスタンドのボイコット運動に参加したり、ヨーロッパ諸国の各環境大臣もこの反対運動を支持する姿勢を打ち出し、その結果シェルは当初の廃棄計画を撤回せざるをえなかった。ベック自身、本講演2のii「シンボリックに演出された大衆ボイコット、グローバルなサブ政治のケーススタディー」で、詳しくこのことに言及している。

(10)『ツァイト紙』はドイツを代表するリベラル系の新聞で、多くの知識人によって読まれている。

(11) ダビデとゴリアテは、弱小な者と強大な者のたとえでよく使われる。旧約聖書に起源を持つ言葉で、弱小な羊飼いのダビデ(後のイスラエル・ユダ国王)が巨人戦士ゴリアテに決闘で勝った話に由来する。

(12) ドイツでは基本的に高速道路では一部区間を除いては、速度制限を設けていない。この政策は、国内自動車産業の「ドイツ車の強い競争力の源泉は、まさに速度制限を設けていない高速道路にある」という一種の信念体系によって支えられている。しかし、このことは逆に環境保護団体やほかのヨーロッパ諸国からの強い批判を浴びている。

(13) ソロー(一八一七~一八六二)はアメリカの思想家。自然との共存思想を信奉し、奴隷制に反対し、『市民的不服従』を著した。ガンジー(一八六九~一九四八)は言うまでもなく、非暴力・不服従を唱えたインド独立運動の中心的人物である。ここでベックがこの二人を引用したのは、不服従を強く唱えた両者ですら、グリーンピースには驚嘆するに違いないというニュアンスが込められていると思われる。

訳者解説　ウルリッヒ・ベックの現代社会認識

島村賢一

本訳書は、ドイツ人社会学者、ウルリッヒ・ベックの二冊の原著書を訳し、まとめて一冊にしたものである。前半の「言葉が失われるとき――テロと戦争について」の原著は、*Das Schweigen der Wörter : Über Terror und Krieg*, Suhrkamp, Frankfurt a. M. 2002であり、後半の「世界リスク社会、世界公共性、グローバルなサブ政治」の原著は、*Weltrisikogesellschaft, Weltöffentlichkeit und globale Subpolitik*, Picus Verlag, Wien 1997である。

読者はすでに気付かれているように、この二冊には、それぞれ講演記録に基づく著書という共通性があるが、共通性はそれに留まるものではない。内容的にも、ベックが特に一九九〇年代以降、本格的に展開している世界リスク社会論を中心に取り扱っているという共通性がある。講演記録ということから彼の理論が、ほかの著作に比べ具体的に展開されていること、その理解が相対的に容易であること、またテロリズム、戦争、環境破壊、NGO運動などという、現代を生きるわれわれにとって極めてアクチュアルでまさに緊要な問題を「世界リスク社会論」という切り口でともに扱っていることから、二冊の原著を一冊の訳書にまとめて出版することにした。そして、さらにこの翻訳に際して、新たに「日本語版への序文」を特別に寄稿してもらった。そのことで、本訳書は、九・一一を間にはさむふたつの講演記録とイラク戦争前の特別寄稿を収録した、ウルリッヒ・ベックのもっともアクチュアルでコンパクトな世界リスク社会論入門書となったのである。

それぞれの内容についての詳しい解説は後述することにして、まず著者のウルリッヒ・ベックについて述べよう。ウルリッヒ・ベックは現在、ミュンヘン大学の社会学教授である。一九四四年、当時はドイツ領であったバルト海沿岸、ポンメルン地方のシュトルプにて生まれた（現在、この地域はポーランド領）。一九六六年からドイツ南西部のフランスとスイスの国境に近い大学都市、フライブルクで法律学を専攻し始めたが、専攻も大学もすぐに変更し、ミュンヘン大学で社会学、哲学、心理学、政治学を学ぶようになる。七二年には同大学にて社会学博士号を取得し、職業・労働研究のプロジェクトにおける研究員を経た後、七九年には同大学で教授資格を取得した。教授資格取得後、一九七九年から八一年までミュンスター大学で社会学教授を、八一年から九二年までバンベルク大学社会学教授を歴任した。九二年から現在に至るまで、ミュンヘン大学社会学研究所教授と同研究所所長をつとめている。また八〇年以降、ドイツで極めて定評のある社会科学の学術誌 *Soziale Welt* も編纂し、ドイツ国内だけではなく、イギリス、ウェールズのカーディフ大学特別教授を九五年から九七年までつとめ、九七年以降はロンドン・スクール・オブ・エコノミクス・アンド・ポリティカル・サイエンスの客員教授をつとめている。

活動範囲は、いわゆる狭い意味でのアカデミックな分野に限らず、ドイツを代表する数々の著名な新聞、週刊誌、例えば『シュピーゲル』、『ツァイト紙』、『南ドイツ新聞』、『フランクフルター・アルゲマイネ紙』、『フランクフルター・ルントシャウ紙』などに、アクチュアルな政治、経済、社会の問題についても積極的に寄稿し、知識人としてジャーナリズムにおけるオピニオンリーダー的な役割も果たしている。その意味で、「ベックは、現在ドイツで世論の形成にもっとも影響を与えている社会学者である」と主張する人々もドイツ国内には多い（わが国では、ユルゲン・ハーバーマスがドイツにおいてこのような立場にあるのはよく知られているが、ウルリッヒ・ベックがこのような役割を果たしているのは、これまであまり知られていないように思われる)。

またアカデミズム、ジャーナリズムだけでなく、ドイツ、バイエルン州、ザクセン州の州政府審議会の審議会委員を一九九五年から九七年までつとめ、実際の政策にもコミットしている。(ちなみにこの審議会委員をベックがつとめたのは、ドイツの一部のマスメディアには驚きの目で見られた。というのは両州とも政治的風土としては保守色が強く、自分では明言しないものの、その発言から政治的には社民党、もしくは緑の党に親近性を持っていると考えられたベックが、両州の政府審議会委員になるのは、意外であると見なされたからである)。

次にベックの研究領域、および学問形成史について述べよう。彼の主要な研究領域は、環境社会学、近代化に関する理論、労働社会学、職業社会学、社会的不平等に関する研究など、幅広く多岐に及ぶが、一言で言うならば、これらの個別の研究領域を総合して、リスク社会論、個人化論に示されているように、社会哲学的洞察を加えた独自の現代社会論を展開している。

年代別に見てみると、一九七〇年代末から八〇年代半ばまでの初期においてベックの主な研究領域は、職業社会学、労働社会学、社会的不平等の理論的、経験的研究であった。この時期の彼の著作は、当時ドイツで職業・労働研究者として定評のあった社会学者ミヒャエル・ブラーターやハンスユルゲン・ダーハイムとの共著という形をとることが多く、上述の分野のものがほとんどである。社会学の一般理論の分野で、理論と実践との関係に関する研究も一部存在するが、周辺領域に留まっている。

彼の学問上の決定的な転換点は、一九八六年の *Risikogesellschaft : Auf dem Weg in eine andere Moderne*, Frankfurt a.M. 1986（東廉・伊藤美登里訳『危険社会——新しい近代への道』法政大学出版局、一九九八年）の刊行によって訪れる。この著作によって、社会学者としてのベックの名声は一気に高まることになった。この著作が出版された時代背景として、まず特筆されるべきは、八六年四月二六日のチェルノブイリ原発事故である。この事故から数か月間は、事故による放射能汚染の影響がヨーロッパ中で論じられ、ドイツではそのために多くの人々が、いわゆるパニック状態に陥っていた。まさに人類が自ら生み出したリスクというものに人々が真剣に対峙せざるを得ない時期に、同書は出版されたのである。チェルノブイリ原発事故以前にも、特にドイツにおいては七〇年代半ばから八〇年代半ばにかけて、原子力発電所建設問題が激しい政治的イシューとなり、反原発運動が活発になっていた。また反原発運動だけでなく、環境保全を求めていく広範なエコロジー運動も活性化し、その具体的な政治的表現としては、八三年、緑の党初のドイツ連邦議会進出に見られる。

また、八〇年代前半は、まだ冷戦の真っ只中であり、東西ドイツが分裂し、それぞれがいわば米ソの前線基地的な性格を持たされ、具体的には米国の地対地核ミサイル、パーシングIIの配備に反対して、「人間の鎖」「ダイイン」に見られるような下からの広範な平和運動が広がっていた。ドイツを含むヨーロッパが戦場になるという危機感が、強く意識された時代でもあったのである。これらエコロジー運動、平和運動に加えて、さらにこの時代は、女性たちがさまざまな分野での完全な男女平等を求め、家族や労働のあり方を社会の根底からラディカルに見直し、男女の新しい生き方を模索していく、七〇年代初期から始まったフェミニズム運動の昂揚の時期でもあった。このようないわゆる一連の「新しい社会運動」が高揚する時代背景のなかで、ベックは自らの社会学理論、及びその根底をなす思想を鍛え、構築し、体系化した。その具体的な表現となったのが、『リスク社会』(邦訳書では、『危険社会』)なのである。

このような背景もあって、彼の社会学では、原発事故に見られるようなリスク、環境破壊、エコロジー運動、科学やテクノクラシー、ジェンダーなどの諸問題が主題として取りあげられるのである。激動する現代社会のまさに紛争的イシューでもあるさまざまな問題を扱い、それらを政治、経済、社会、文化といった多角的な面から分析し、全体社会のなかで位置付けるという総合化を、同書で行なったのであった。

同書は出版後、この種の学術的な本としては珍しく、ベストセラー的性格を持つようになり、二〇〇〇年には第一四版を重ねている。また内容を抜粋したものが、日本でいう高校生にあたるギムナジウム上級生の社会科の教科書としても使われている。

さらに同書には、それ以降のベック現代社会論の展開の核となる、極めて重要な概念でもあるリスク社会論、個人化論が、すでに述べられている。本訳書との関連においても重要であると思われるこのふたつの概念については、後述する。同書の内容に関する詳しい解説は前掲訳書の『危険社会』、及びその訳者解説を参照していただくことにし、以下、ベックのその後の学問的展開の略述を試みるが、その前に、彼の学問的展開とその軌跡を知る上で指標となると思われるベックの主要著作を、列挙しておこう（なお、主要著書一覧はベック自身が作成しているHP上に掲載されたものに依拠している）。

『リスク社会（邦訳書では、『危険社会』）』以降のベックの主要著書一覧

Gegengifte : *Die organisierte Unverantwortlichkeit*（解毒剤？——組織化された無責任性）, Frankfurt a.M. 1988

Das ganz normale Chaos der Liebe（愛というまったくノーマルなカオス。E. Beck-Gernsheimとの共著）, Frankfurt a.M. 1990

Politik in der Risikogesellschaft : *Essays und Analysen*（リスク社会における政治）, Frankfurt. a.M. 1991

Die Erfindung des Politischen : *Zu einer Theorie reflexiver Modernisierung*（政治的なるものの創造——反省的近代化の理論に向けて）, Frankfurt a.M. 1993

Riskante Freiheiten : *Individualisierung in modernen Gesellschaften*（リスクのある自由、近代社会における個人化。E. Beck-Gernsheimとの共編著）, Frankfurt a.M. 1994

Eigenes Leben : *Ausflüge in die unbekannte Gesellschaft, in der wir leben*（自分の人生——私たちが生きている知られざる社会への探訪。W. Vossenkuhl, U. E.

Ziegler との共著〕, München 1995a

Die feindlose Demokratie〔敵のいない民主主義〕, Stuttgart 1995b

Reflexive Modernisierung : Eine Kontroverse〔反省的近代化——ひとつの論争、A. Giddens, S. Lash との共著〕, Frankfurt a.M. 1996〔これについては英語版からの邦訳あり。松尾精文・小幡正敏・叶堂隆三訳『再帰的近代化——近現代における政治、伝統、美的原理』而立書房、一九九七年。また、英語版と独語版では、若干内容が異なっている〕

Kinder der Freiheit〔ベック編〕〔自由の子たち〕, Frankfurt a.M. 1997a

Weltrisikogesellschaft, Weltöffentlichkeit und globale Subpolitik〔本訳書後半〕〔世界リスク社会、世界公共性、グローバルなサブ政治〕, Wien, 1997b

Was ist Globalisierung?〔グローバル化とは何か〕, Frankfurt a.M. 1997c〔これについては邦訳あり。木前利秋・中村健吾監訳『グローバル化の社会学——グローバリズムの誤謬—グローバル化への応答』国文社、二〇〇五年〕

Perspektiven der Weltgesellschaft〔ベック編〕〔世界社会の諸パースペクティヴ〕, Frankfurt a.M. 1998a

Politik der Globalisierung〔ベック編〕（グローバル化の政治）, Frankfurt a.M. 1998b

Schöne Neue Arbeitswelt : Vision : Weltbürgergesellschaft（素晴らしき新たな労働世界——世界市民社会への展望）, Frankfurt a.M. 1999a

Die Zukunft von Arbeit und Demokratie〔ベック編〕（労働と民主主義の将来）, Frankfurt a.M. 1999b

Freiheit oder Kapitalismus : Ulrich Beck im Gespräch mit Johannes Willms（自由あるいは資本主義、J. Willmsとの対話）, Frankfurt a.M. 2000b

Das Schweigen der Wörter : Über Terror und Krieg〔本訳書前半〕（言葉が失われるとき——テロと戦争について）, Frankfurt a.M. 2002a

Macht und Gegenmacht im globalen Zeitalter : Neue weltpolitische Ökonomie（グローバル時代における権力と対抗権力——新たな世界政治経済学）, Frankfurt a.M. 2002b（これについては邦訳あり。島村賢一訳『ナショナリズムの超克——グローバル時代の世界政治経済学』NTT出版、二〇〇八年）

Das kosmopolitische Europa（コスモポリタン的欧州、E. Grandeとの共著）, Frankfurt a.M. 2004

Weltrisikogesellschaft : Auf der Suche nach der verlorenen Sicherheit（世界リスク社会——失われた保障を求めて）, Frankfurt a.M. 2007

Der eigene Gott : Von der Friedensfähigkeit und dem Gewaltpotential der Religionen（自己の神——諸宗教の平和の能力と暴力の可能性について）, Frankfurt a.M. und Leipzig 2008

　ベックはリスク社会論を八〇年代後半から九〇年代前半にかけて精緻化していった。また、同時に個人化論を基盤としながら、ジェンダー論、家族論、現代社会における男女の関係性を、ニュルンベルク・エアランゲン大学教授で、彼の夫人でもあるエリザベート・ベック＝ゲルンスハイムの協力を得ながら、さらに掘り下げて考察するようにもなる。その具体的な成果が、前掲の（Beck 1990）であり、そして、その続編とでも呼ぶべき著作（Beck 1994）である。

　この時期のベックのもうひとつの学問的業績としては、近代の本質に関する考察を発展させ、近代に関する理論を展開させていったことが挙げられる。近代に関する考察は、前述の『リスク社会』の副題に見られるように、八〇年代半ばから行なってい たが、この関連で決定的であったのは一九九〇年、フランクフルトで開催されたドイツ社会学会大会で彼が行なった講演、「ふたつの近代の紛争」であった。ベックはこの講演で、「近代社会の近代化」「反省的（再帰的）近代化」というテーゼを、ニクラス・ルーマンのReflexion概念に依拠しながら提起した。以後、近代に関する彼独自の理論は、現代のイギリスを代表する社会学者ギデンズや、やはり同じ社会学者であるラッシュとの学問的交流及び相互批判を深めながら、展開されていく。その成果の到達点が、『再帰的近代化』である。

一九九〇年代後半からベックは、前述したリスク社会論、個人化論、近代に関する理論を踏まえ、本格的にグローバル化論に取り組むようになり、その文脈でリスク社会論とグローバル化論とをリンクさせ、彼独自の視角と概念装置によってグローバル化と現代社会を考察し、発展させた世界リスク社会論を提示するようになる。それが、九七年に刊行された本訳書後半の「世界リスク社会、世界公共性、グローバルなサブ政治」である。また、グローバル化に関する著作としては、それに関するさまざまな理論を紹介し批判的に吟味した入門書である（Beck 1997c）と、グローバル化のさまざまな局面を照射した（Beck 1998a）、そして主にグローバル化と政治との関係を取り扱った（Beck 1998b）がある。そして、その後三、四年は加速度的な社会の流動化によって労働や雇用といったこれまでの分析概念の自明性が解体したことを主題としたり、民主主義のあり方を根源的に分析する政治論、そして本訳書前半に見られるように、同時多発テロといった極めてアクチュアルな問題を世界リスク社会論の視角から分析している。

次に本訳書の内容を理解する上で、重要であると思われるベックの論点を、順を追って説明することにしよう。

まず本訳書のタイトル「世界リスク社会論」にも関連し、ベック社会学理論の中心的概念である「リスク」という言葉について言及する。「リスク」という言葉の原語は Risiko（＝英語の risk）である。この言葉とは別に、ドイツ語には日本語で「危険」と訳される Gefahr という言葉がある。このリスク（Risiko）という言葉と、危険（Gefahr）という言葉には、語感と意味論的な違いがある。危険（Gefahr）とは、例えば天災のように人間の営み、自己の責任とは無関係に外からやってくるもの、外から襲うものである。それに対してリスク（Risiko）とは、例えば事故のように人間自身の営みによって起こる、まさに自らの責任に帰せられるものである。つまり、そうである以上、リスクは社会のあり方、発展に関係している。リスクとは、ベック自身が認めているように、自由の裏返しであり、人間の自由な意思決定や選択に重きをおく近代社会の成立によって初めて成立した概念である。だからこそ、リスクの予測をし、損害の補償をする保険制度も近代社会の登場とともに生まれるのである。日頃、この両者を区別せずに、危険と言っていることも多いが、概念上両者の区別をしておくことが重要であろう。そして、ベックもまさにこの区別を重視しているからこそ、近代社会の中核的概念であるリスクという概念が、彼が第二の近代と呼ぶ近代社会の変質、つまり現代社会の成立によって、どのような質的な変化をとげたかということを主題にしている。上記の区別をすれば、事故というのは、単なる危険ではなく、リスクである。したがって、ベックがあくまでもこのような文脈において、Risiko という言葉を用いている以上、Risiko はリスク、Gefahr は危険と区別して訳すことにした。前掲訳書の訳者は、原文の Risikogesellschaft を「危険社会」、つまり Risiko を「危険」と訳し、その理由としてベック自身が Risiko と Gefahr を必ずしも明確には区別していないこと、さらに「リスク」という言葉が日本語では、経済やビジネスで使われ、企業や個人の経済面の損害の可能性を意味する場合が圧倒的であり、環境問題ではほとんど用いられていないことを挙げている（『危険社会』、四六三頁）。しかし、本訳書では、ベックがたとえ自ら両者を表現上必ずしも明確に区分していないところが部分的にあるにせよ、彼の本来の意図と、ドイツ語の原語の語感を尊重し、訳し分けたのである。

次に本訳書の主題でもある「世界リスク社会論」に密接に関係してくる彼のリスク社会論について略述しよう。ベックによれば、リスク社会とは、産業社会が環境問題、原発事故、遺伝子工学などに見られるように新たな時代、別の段階に入り、それまでとは質的にまったく異なった性格を持つようになった社会のことである。異なった性格とは、「困窮は階級的であるが、スモッグは民主的である」（Beck 1986 : 48,『危険社会』五一頁）という言葉に象徴されるように、環境汚染や原発事故といったリスクが、階級とは基本的には無関係に人々にふりかかり、逆説的にある種の平等性、普遍性を持っていること、そしてチェルノブイリ原発事故に端的に示されているように、リスクの持つ普遍性が、国境を超え、世界的規模での共同性、いわゆる世界社会を生み出していることが挙げられる。その意味で、いままでの一国社会、国民国家、また国内での階級的不平等を主要な特徴としていた産業社会から決別し、新たな段階としてリスク社会に入ったというわけである。ただし、だからといってリスクが階級と無関係に存在するとベックは決して主張しているわけではない。そのことは、例えば本訳書後半でグローバルな危険の類型学を提示し、貧困が条件となった環境破壊と産業技術上の危険の実例を挙げていることでも明らかである。ただ、この関連で指摘しておきたいのは、現代社会を照射するベックの根本的なパースペクティヴが、ハビトゥス論を核とし、階級的不平等性を現代社会認識の出発点とするフランスの社会学者、ピエール・ブルデューのそれとは、著しく異なっている点である。

リスク社会論と並んでベック現代社会論にとって重要なのが、個人化（Individualisierung）論である。個人化は、近代化と密接にかかわっている。個人化とは、一般的には近代化によって、身分や地域の拘束から諸個人が解き放たれること、いわゆる近代社会の出現による個人の析出の過程のことであると理解されているが、彼は、個人化を三つの次元に分ける。その三つの次元とは、伝統的拘束からの解放、伝統が持っていた確実性の喪失、新しい社会統合のことである（Beck 1986：206、『危険社会』二五三―二五四頁）。伝統的拘束からの解放については、説明を要しないであろう。

伝統が持っていた確実性の喪失とは、行為のよりどころとなるような規範が失われることを指している。新しい社会統合の次元とは、個人化によってばらばらになったはずの諸個人が、逆に労働市場や教育制度、社会福祉制度のようなマクロな次元の制度に、まさにひとりひとりがばらばらになったことによって依存するようになり、組み込まれ、統制されるようになることを指している。パラドキシカルなことに、解体化は逆に統合化を生み出すというわけである。ベックは近代化が進めば進むほど、この個人化も進展していくと考えている。ジェンダー研究に依拠しながら、ベックは、近代化の初期の段階では、いわゆる生産と家族の分離によって、そしてそれにともなう近代社会の核家族の登場によって、いままで歴史上存在していなかった専業主婦という存在がつくり出されるようになったと主張する。そして、それは逆説的に拘束からの解放という意味での近代に逆行する、性別による新たな身分固定化を生み出す。彼によれば、まさに近代と「近代的な反近代」とが合流していることになる。だが、近代化がもっと進めば、シングルや離婚の増加に見られるように、家族の解体も進み、性というカテゴリーに関係なく、つまり女性の個人化も進み、ベックによれば、社会全体としての個人化が進展していく。まさに近代化後期の社会福祉国家化は、その意味で個人化の結果というわけである。諸個人の生活史があたかもすべて自らの選択にゆだねられ、ミクロ化が進展し、社会が完全に流動社会になっていくということは、逆にマクロな制度に諸個人が統合化されていくこと、マクロ化を意味し、その結果、ミクロとマクロとの中間に位置する家族、地域、階級といったメゾ的なものが消滅していくことになる。これが、ベックの個人化論のキーコンセプトであるが、個人化とその裏返しとしての統合化のパラドックスを指摘するなど、現代社会の時代の趨勢を記述するのには、確かに示唆に富み、かつ有効な概念であろう。だが、分析上の概念としては、そのメゾ的なものの消滅によって、逆説的に、個人を各集団との関連でとらえる視点が欠如してしまい、個人と社会をさまざまな次元で媒介していくこと、いわゆるミクロレベルとマクロレベルとのリンクが結果的には極めて困難なものになっていることが問題点として指摘できるであろう。

本訳書との関連で重要と思われるベックの概念を、最後にもうひとつだけ述べておこう。それは近代の発展段階と近代の本質に関する彼独自の近代化理論である。ベックは近代化を二段階に区分する。第一段階は単純な近代化と呼ぶべきもので、通常の意味での産業化を中心とした近代化のことである。第二の段階の近代化はまさに第一の近代化がさらに進展し、行き詰まった結果として生じるもので、環境問題の解決というような、まさに第一の近代化を反省する必要が生まれた段階の近代化のことである。これを反省的近代化（reflexive Modernisierung）と彼は命名する。そして、第一の段階に対応したのが従来の意味での「古典的な」産業社会であり、第二の段階に対応したのがリスク社会である。従来の産業社会からリスク社会への変動という二段階の近代化、これがベックの近代に関する発展段階論である。ただし、ここで留意すべきことは、ベックがこの発展段階の違いによって、ポストモダンや反近代とかを主張しているのではない点である（富永健一『社会変動の中の福祉国家——家族の失敗と国家の新しい機能』中央公論新社、二〇〇一年、一一頁）。この発展段階の違いによって、リスクというものが決定的に変質する。リスク社会になって突然、リスクというものが生まれるのではない。その前の段階である産業社会にも、リスクは存在している。しかし、この段階では、例えば生産活動の結果として生み出された有害な副産物は、仕方ないものとして受け入れられ、リスクは公的な議論の対象にもならず、政治的、社会的対立の争点にもならない。しかし、近代化がさらに進むと、この負の副産物は公的な議論の対象になり、政治的、社会的対立の争点になる。まさに、これこそがリスク社会というわけである。そして、富の生産の源と考えられていた科学技術自らが、負の結果、つまりリスクを生み出すようになる。そして、リスクというものが空間的、時間的、社会的にその影響範囲を限定することができず、その責任の所在をつきとめられず、その被害を補償することができないものになる。まさにだからこそ、このような段階に至った社会がリスク社会というわけである（山口節郎『現代社会のゆらぎとリスク』新曜社、二〇〇二年、一五三―一五五頁）。

この近代社会から現代社会への転換を、第一の近代から第二の近代への転換としてとらえた反省的近代化論に、まさにベックの歴史認識と社会認識の極めて重要な結節点、その本質が提示されている。近代産業社会がその維持のためにそれまで前提としてきた高度経済成長が先進諸国で終焉したのが、一九七〇年代半ばであることには、ほぼ異論がないであろう。いわゆる現代社会への転換である。この転換を例えば、アメリカの社会学者ダニエル・ベルは脱工業化社会の到来としてとらえ、ポストインダストリアル社会論を展開したのはよく知られている。その際、彼が着目したのは、産業構造の変化ということであり、環境問題を射程に入れたり、西洋近代そのものの質を根源的に問うということはしなかった。ベルがまさに行なわなかったことをベックは行なったのである。環境問題をいかにベックが射程に入れているかについては、リスク社会論のところですでに言及したので、ここでは西洋近代の問題について考察しよう。ベックは、あくまでも自らの歴史的、社会的基盤である西洋近代の本質とは何かという問題にこだわり、そこに自分の学問的基盤をおく。そして、その近代社会が現代社会になってどのように変質してしまい、また変質しつつあるのかというように、その質的転換を主題とし、現代社会の歴史的位相に真正面から取り組む。別の言葉で言うならば、ベックには現代社会が、どこから来て、現在どこにあり、これからどこに行こうとしているのかという根源的な問題意識があり、そのことによって現代社会の歴史的位相とは何か、またその根源的な価値体系は何かという問いを立てるのである。その意味で彼自身もしばしば依拠するヴェーバーと共通性があり、フランシス・フクヤマの「歴史の終わり」や「anything goes（何でもあり）」といったフレーズに代表されるような価値ニヒリズム的なポストモダンとは、まさに社会科学の基盤、思想的背景としてまったく異なっているのである。したがって、第二の近代は未来志向的なものでもある。そのこともあって、すでに訳注で言及したが、reflexiv という原語を「再帰的（自分から自分へ帰ってくること）」ではなく、「反省的」と本訳書では訳したのである。

それでは、本訳書で訳出された三つの論考、「日本語版への序文」「言葉が失われるとき」「世界リスク社会、世界公共性、グローバルなサブ政治」について、重要な点を解説することにしよう。

三つの著作が書かれた時期を、明記しておこう。「日本語版への序文」は二〇〇二年八月末（アメリカの同時多発テロ事件からほぼ一年後）、「言葉が失われるとき」は、同時多発テロ事件からまだ約二か月後の二〇〇一年一一月、そして「世界リスク社会、世界公共性、グローバルなサブ政治」は、そのふたつより数年前の一九九六年五月である。

読者は、「日本語版への序文」と「言葉が失われるとき」を読まれた後で、国際政治状況、とりわけアメリカのいわゆる覇権主義に対するベックの認識の極めて大きな変化にすぐに気が付かれるであろう。「言葉が失われるとき」は、同時多発テロからまだ約二か月しか経過していない時期に、ロシアの国会での講演という目的のために書かれたものである。アメリカもアフガン空爆を開始し、派兵を決定したが、テロに対抗する国際的連帯を強く呼びかけ、まだこのころは国際協調主義の枠内で解決を図ろうとしていた時期であった。特に目的達成のためには、ロシアや中国との協調が欠かせないと考えていた。まさに、そのときの時代状況を端的に反映しているのが、アメリカの一か国主義は挫折し、諸国家間の良い関係を促進し、多国間主義を余儀なくさせられるというベックの記述である（本訳書三二頁）。この著作自体がそのような時代状況下で書かれたこと、そしてロシアの国会での講演という性格が、現在から見ると少し異様とも思えるほど、国際協調主義へのあまりにもオプティミスティックな見方と展望を刻印しているのである。しかし、このオプティミスティックな期待が幻想にしかすぎなかったのは、その後の国際政治の現実が示している。その翌年の二〇〇二年の初頭から、アメリカはブッシュ大統領の「イラク、イラン、北朝鮮を悪の枢軸国と見なす」政策によって、その覇権主義を強め、国際協調主義から一か国主義にシフトするようになる。また、テロ対策強化という名のもとに、国内治安政策も憲法で保障されている市民権を侵害し、空洞化するまでに、強められていく。そういう時代背景の二〇〇二年八月末に執筆されたのが、「日本語版への序文」である。このなかでは、「言葉が失われるとき」とはうって変わって、アメリカの覇権主義と市民権侵害による民主主義の空洞化に対するベックの批判と警告が、歴然と読み取れる。そして、それ以後のイラク戦争、それをめぐるアメリカとフランス、ドイツ、ロシアとの対立は、多国間主義、国際協調主義からのアメリカの決別を如実に示している。「世界リスク社会、世界公共性、グローバルなサブ政治」は、上述の二作とはまったく異なった時代背景の一九九六年に執筆されている。冷戦終結から六、七年が経過し、アメリカもクリントン政権の時代で、ちょうど冷戦終結直後と同時多発テロ事件との中間の時期の相対的安定期とでも呼ぶべき時代に書かれ、ベックが題材を求めるために具体的に依拠している出来事も、前年のヨーロッパでのグリーンピースや市民の広範な環境保護運動などである。

以下、「言葉が失われるとき」「世界リスク社会、世界公共性、グローバルなサブ政治」の内容と概念装置を、ベックの記述の順に略述してみよう。

「言葉が失われるとき」の冒頭では、同時多発テロのこれまでの歴史に類を見ないような特異性のために、国家間の戦争や従来のテロといった既存の概念では、その本質的な意味がとらえられず、沈黙を余儀なくされ、「言葉が失われること」と述べる。しかし、ベックは言葉の喪失を甘受せず、自らの世界リスク社会論によってその意味の解明を試みる。

以下、本論で述べられている各論を要約しよう。世界リスク社会の本質は、本来予見可能であり制御可能であったはずのリスクが、そうではなくなってしまい、世界的な規模で広がり、収拾がつかなくなってしまい、グローバルな危険になってしまうことにある。そして、危険の次元は、環境破壊、金融危機、テロのネットワークの三つに区分される。しかし、危険のグローバル性は、内政と外交との区分を流動化し、テロに対する闘いに見られるように、逆にグローバルな同盟を生み出す。これが、世界リスク社会の自己再帰性である。国境を超えたテロのネットワークは「暴力のNGO」で、戦争はもはや国家間の戦争ではなく、戦争の個人化といったものをもたらす。このような事態に対処するためにも、法秩序の国際化が促進されなければいけないし、文化間の対話もなされなくてはいけない。また、同時多発テロは、市場経済の勝利とそれによるグローバル化の問題解決を単純素朴に信じる新自由主義が誤りであることを証明した。グローバル化に反対するテロリストの抵抗は、彼らの意図とはまさに反対に、政府と国家の新たなグローバル化をもたらす。このテロによって従来の国民国家、主権と自己決定権との等置という概念も大幅に見直さなくてはいけない。国家を超えた国家間協力には、治安と秩序を重視し自由と民主主義を軽視する監視国家と、内側にも外側にも開放的で、コスモポリタン的である世界開放国家のふたつの理念型があるが、テロに対する闘いにおいては、その原因に対しても解決を目指すという意味で、世界開放国家が促進されるべきである。

「世界リスク社会、世界公共性、グローバルなサブ政治」では、前半で世界リスク社会論が準拠しているいくつかの概念が、以下のように説明される。自然とエコロジーという概念は非常に曖昧なもので、認識のための文化モデルによって異なってくる。世界リスク社会の認識論に関しては、現実主義と構築主義のふたつの対立する立場がある。現実主義は、リスクというものが認識する主体から独立して客観的に実在し、固定的で閉じたものであると考えている。反対に構築主義の立場によれば、リスクは客観的に実在せず、社会の側で認識する主体相互の解釈的枠組みによってつくられるもので、固定的なものではなく、開かれたものと考えられている。しかし、二者択一的な立場を取らず、両者のメリットを組み入れ、リスクと、リスクについて語るということとの峻別をはかる、「反省的」現実主義の立場を取るのが望ましい。また、自然と社会の二元論を克服するために、フェミニズムやほかのパラダイムからのさまざまなアプローチがある。世界リスク社会論は、原則的には制御が可能な「リスク」と、制御が不可能か困難な「危険」とを峻別する。前者には保険をかけることが可能で、後者には保険をかけることができない。そして、産業社会の決定モデルである科学、技術、経済促進についての決定主体はいまだに国民国家の枠内にあるのに対し、その決定による脅威を受ける側は、世界リスク社会の成員であり、国民国家的には解決できず、国民国家、外交と内政という区別が解体していくのである。国民国家産業社会論に代わる世界リスク社会論と反省的近代化によって、まさに現代社会の危機の本質が認識され、その解決の道が探られるのである。また、国民国家の枠内で経済活動を規定していた労働法や安全規則や賃金協約といった法規定は、産業社会にあっては、本来社会紛争を減少させ、社会的保障をもたらすものであったが、世界リスク社会では保障をもたらすものではなくなり、逆に危険を一般化し正当化するようになる。グローバルな危険の類型としては、(1)「良いもの」とその反面として生み出された「悪いもの」としての危険、(2)貧困による環境破壊と産業技術上の危険、(3)大量破壊兵器の危険の三つであるが、これらは実際には重なり、錯綜していることが多い。

後半では、サブ政治の概念の提示とそのケーススタディーが行なわれる。グローバル化には、上からのグローバル化（例えば国家間の交渉による国際条約の締結）と下からのグローバル化（例えばグリーンピースなどのＮＧＯ運動）がある。そして世界リスク社会においては、下からのグローバル化、下からの社会形成により、国民国家の代議制民主主義に競合する形で、経済や科学や職業や日常生活といった、通常は政治的領域と見なされていなかった分野が政治的な対立の場になる。これがサブ政治であり、それは危険に対する世界市民の抵抗権の表現とも言える。そのようなグローバルなサブ政治のケーススタディーとして、一九九五年、石油多国籍企業シェルが北海油田採掘施設を海底に沈めるのに反対して、グリーンピースがヨーロッパ全体で、シェルガソリンスタンド・ボイコット運動などを組織化したことが挙げられる。

以上の要約から、ベックの世界リスク社会論の特質が明確になったであろう。一言で言うならば、世界リスク社会論とは、(1)産業社会にあっては制御可能であり、保障可能であったリスクが、制御不可能、保障不可能な危険なものに変質し、(2)それがもはや国民国家の枠内、一国社会に留まらず、世界的規模、世界社会で広がり、(3)その結果としてリスクを受けるのは世界市民なのであるが、(4)科学、技術、経済といったリスクを生み出している決定主体はいまだに国民国家の枠にあり、(5)その結果、下からの世界市民の抵抗運動が喚起される（サブ政治）とするベックのテーゼなのである。

またグローバル化を上からのグローバル化と下からのグローバル化の相克、一種の弁証法的関係としてとらえるのも、その特徴として浮かび上がってくるであろう。前述のグリーンピースのNGO運動もそうであるが、「言葉が失われるとき」においてもテロリストのネットワークという下からのグローバル化に対して、反テロ連合という国家間の協力、国際的な法規定の制定など、上からのグローバル化が対抗していくという図式が提示されてある。

グリーンピースの運動の例示や「言葉が失われるとき」終結部でのカントの引用にも見られるように、確かにベックには世界市民とその連帯、下からの運動に対してあまりにも単純素朴なオプティミズムがあることは、否定できない。リスク社会では各市民の社会的ポジションの差異(例えば、原発事故の責任者なのか、あるいは被害者なのかといった差異)にもかかわらず、「不安の共有」から、自動的に市民間の連帯が生まれるといった、ある種の幻想があるのかもしれない。また彼が提案するテロに対する方策も、確かに良識的ではあるのだが、ある意味では極めて一般論に陥っているのかもしれない。

さらに、彼のリスク社会論、世界リスク社会論も体系的理論ではなく、時代診断学的なものに留まり、概念を寄せ集めただけのものにすぎないのかもしれない。つまり、「リスク社会論」ではあっても「リスク社会学」ではないというわけである（山口前掲書、一六三頁）。その意味で、ドイツにおいてもルーマンのシステム理論に依拠しながら、理論社会学的な立場から、ベックのリスク社会論を批判した一連の流れがある（山口前掲書、一六四―一六九頁）。

本稿ではその詳細には立ち入らないが、ただし一点だけは指摘しておきたい。思想史的に見た場合に、ルーマン理論はポストモダンと一定の親近性を持つと考えられる。ベック社会学が、ポストモダンとはまったく異なっていること、まさにある意味でその対極にあることは前述した。その意味において、つまりメタ理論的次元においても、ベックのリスク社会論と、ルーマンのシステム理論に依拠したベック批判のリスク社会学には隔絶が存在すると言えるのである。また、マルクス主義者でレギュラシオン理論を再構築しようとするドイツの社会科学者ヨアヒム・ヒルシュは、ベックの現代社会論から現状認識把握という点では多くのものを学びながらも、ベックは現代社会を分析する概念装置から、社会的矛盾と強制を体系的に排除していると批判している（J.Hirsch, *Der Nationale Wettbewerbsstaat*, Berlin 1995. 木原滋哉・中村健吾訳『国民的競争国家――グローバル時代の国家とオルタナティブ』ミネルヴァ書房、一九九八年、二三五頁)。

このようなさまざまな批判があるにもかかわらず、この「世界リスク社会論」にも見られるように、ベックの現代社会論は、まさにそれが現代社会の歴史的位相とその価値体系を根源的に明らかにしようとした卓越した時代診断学であるがゆえに、しかも体系的な理論的整合性には欠けるかもしれないが、さまざまな概念をあざやかに縦横無尽に駆使しているがゆえに魅力があるのではないだろうか。また、その記述の仕方も、パラドックスを巧みに使いながら、レトリックにたけ、説得力を持ったものになっている。ウルリッヒ・ベックは、現代のマスメディアに登場する極めてアクチュアルな数々の時事問題を、社会学的な切り口で、このように柔軟にかつ総合的に分析する能力に秀で、そこから魅力的な数々の概念の構築をはかれる稀有な社会学者なのである。

訳者あとがき

本訳書の原著者、ウルリッヒ・ベックを世に一躍有名にさせ、実質的なデビュー作でもある *Risikogesellschaft*（邦訳『危険社会』）が出版されたのは、訳者解説で述べたように、一九八六年であった。この年に、私は初めてドイツに行き、ビーレフェルト大学大学院に留学して、社会学ゼミでベックの著作を講読した覚えがある。当時、日本ではベックという社会学者はほとんど無名で、その名を知ったのもこのときが初めてであった。それから一七年後に自分がベックの著作を翻訳出版するようになるとは、夢にも思っていなかった。その意味でも、本訳書の刊行は一種感慨深いものがある。

ヴェーバーについてさえもほとんど知らなかった二〇歳の青年であった私に、当時東京外国語大学で教鞭をとり、社会科学の礎を教えて下さり、今回ベックの著作の翻訳を私に勧め、平凡社へ紹介して下さり、翻訳についてもいろいろと助言して下さった、フェリス女学院大学の山之内靖教授には、心より感謝するしだいである。また、大学院時代、留学生時代にお世話になった恩師の先生方、研究会などで貴重な助言をしていただいた学兄の方々にも感謝の気持ちで一杯である。最後に、私の拙訳に丁寧に目を通して下さり、翻訳、編集、そのほかさまざまな点でご配慮して下さった平凡社編集部の関正則氏、そして同氏の下で編集、校正を担当して下さった安井梨恵子氏のお二人にも、心よりお礼を申し上げるしだいである。

島村賢一

二〇〇三年九月二六日

文庫版あとがき

本訳書の初版は、二〇〇三年十一月に平凡社から単行本として刊行された。その後、七年近くが経過し、同書の入手が困難になりつつあった二〇一〇年初頭に、筑摩書房「ちくま学芸文庫」編集部より、同文庫の一冊として出版したいという要望があり、このたび文庫本として刊行することとなった。同編集部から「文庫版として出版する以上、社会科学を専門としない、グローバル化に興味を持つ一般の読者にも容易に理解できるような入門書としての性格を持ったものにしてほしい」という要請を受け、これを機に初版の訳文を全面的に見直し、大幅に改訂することにした。これがどの程度成功したかは、読者の方々の判断に委ねるしかない。

本書に収めた訳者解説は初版に掲載したものとほぼ同じであるので、それ以降の七年間の世界情勢の転換のなかで、本書の内容との関連で特筆されるべきだと思われる点を以下、簡潔に述べることにしよう。

本書前半の「言葉が失われるとき」でベックが批判の主たる対象として挙げているのは、グローバル化の時代的潮流としての新自由主義、アメリカのジョージ・W・ブッシュ大統領政権下でのアメリカ単独行動主義（一か国主義）、テロとの戦いを口実とし、一般市民の人権の抑圧を伴う監視国家化などであろう。これらが、二〇〇八年の米国大統領選におけるオバマ大統領の誕生によって大きく転換されることになったことは周知の事実であろう。すなわち、新自由主義とは一線を画し、国家がむしろ経済で重要な役割を果たすグリーン・ニューディール政策、外交面における一か国主義から多国間協調主義への転換、監視国家化の象徴とでもいうべきグアンタナモ収容所の閉鎖の決定などである。その意味で読者のなかにはベックの主張と批判にある種の「時代遅れなもの」を感じる方々がいるかもしれない。しかし、むしろこれはベックが当時、批判をすることを通じて、以後の時代を展望し、現実がその展望の方向になってきたことを意味していないであろうか。

本書後半の「世界リスク社会、世界公共性、グローバルなサブ政治」の原書は、京都議定書が議決される以前の一九九六年に書かれたものであるが、現在でもその議論は、地球温暖化の問題をめぐる世界政治のあり方などを考える際にも思考の糧を与え、アクチュアルな意義を失っていないだろう。確かに細かい点や部分的な点で、批判や問題点もあるだろうが、現在という時代を総合的に診断し、これからの時代を展望する社会学者としてのベックの魅力が本書を通じて伝われば、訳者としては幸いである。

本訳書の初版を刊行する機会をつくってくださった東京外国語大学名誉教授・フェリス女学院大学名誉教授の山之内靖氏には、あらためて心より感謝する次第である。また、大学院時代、留学生活時代にお世話になった恩師の先生方、研究会等で貴重な助言をしていただいた学兄の方々にも感謝の気持ちで一杯である。最後に、私の拙訳に丁寧に目を通してくださり、翻訳、編集、その他さまざまな点で、貴重な助言とご尽力をしてくださった「ちくま学芸文庫」編集部の平野洋子氏にも、心よりお礼を申し上げる次第である。

二〇一〇年七月八日

島村賢一

1, S. 281-304.
——(1996b), "The Identity Parades of SSK: Reflexivity, Engagement and Politics", *Social Studies of Science* 26.

Yearley, Steven (1994), "Social Movements and Environmental Change". In: Redcliff, M. und Benton, T. (Hrsg.), *Social Theory and the Global Environment*, London, S. 150-168.

Zimmerman, Andrew D. (1995), "Towards a More Democratic Ethic of Technological Governance", *Science, Technology and Human Values* 20/1, S. 86-107.

Zürn, Michael (1995), "Globale Gefährdungen und internationale Kooperation", *Der Bürger im Staat* 45/1, S. 49-56.

Szerszynski, Bronislaw/Lash, Scott/Wynne, Brian (1996), "Ecologies, Realism and the Social Sciences". In: Lash, S. *et al.* (1996), S. 1-26.

Tucker, Alphones (1996), "The Fallout from the Fallout", *The Guardian Weekend*, February 17, S. 12-16.

van den Daele, Wolfgang (1995), "Politik in der ökologischen Krise", *Soziologische Revue* 18/3, S. 501-508.

—— (1992), "Concepts of Nature in Modern Societies". In: Dierkes, M. und Biervert, B. (Hrsg.), *European Social Science in Transition*, Frankfurt/Main.

van Steenbergen, Bart (Hrsg.) (1994), *The Conditions of Citizenship*, London.

Wehling, Peter (1989), "Ökologische Orientierung in der Soziologie", *Sozial-ökologische Arbeitspapiere* 26, Frankfurt/Main.

von Weizsäcker, Ulrich (1995), "Hätte ein Dritter Weltkrieg ökologische Ursachen?", *Der Bürger im Staat* 45/1, S. 57f.

Welsh, Ian (1995), "Risk, Reflexivity and the Globalization of Environmental Politics", *Centre for Social and Economic Research Publications, Working Paper*, No. 1, Bristol.

Winner, Langdon (1992), "Citizen Virtues in a Technological Order", *Inquiry* 35/3-4.

——(1986), "Do Artifacts Have Politics?". In: *Ders.: The Whale and the Reactor: A Search for Limits in an Age of High Technology*, Chicago, S. 19-39.〔『鯨と原子炉——技術の限界を求めて』吉岡斉・若松征男訳、紀伊國屋書店、2000 年所収〕

World Commission on Environment and Development (1987), *Our Common Future*, Oxford.

Wynne, Brian (1991), "Knowledges in Context", *Science, Technology and Human Values* 16/1, S. 111-121.

——(1996a), "May the Sheep Safely Graze?". In: Lash, S. *et al.* (1996), S. 44-83.

——(1992), "Misunderstood Misunderstandings: Social Identities and Public Uptake of Science", *Public Understanding of Science*

Arbeitspapiere 43, Frankfurt/Main.
Rip, Arie (1985), "Experts in Public Arenas". In: Otway, H. und Peku, M. (Hrsg.), *Regulating Industrial Risks : Science, Hazards and Public Protection*, London.
Rosenmayr, Leopold (1989), "Soziologie und Natur", *Soziale Welt*, Jg.40.
Scharping, Michael und Görg, Christoph (1994), "Natur in der Soziologie". In: Görg, C. und Scharping, M. (Hrsg.), *Gesellschaft im Übergang*, Darmstadt.
Schirrmacher, Frank (2000), "Zehntausend Jahre Einsamkeit", *Frankfurter Allgemeine Zeitung*, vom 8, September 2000.
Schwarz, Michael und Thompson, Michael (1990), *Divided We Stand : Redefining Politics, Technology and Social Choice*, New York.
Senghaas-Knobloch, Eva (1992), "Industriezivilisatorische Risiken als Herausforderung für die Friedens- und Konfliktforschung". In: Meyer, B. und Wellmann, Ch. (Hrsg.), *Umweltzerstörung : Kriegsfolge und Kriegsursache*, Frankfurt/Main.
Shiva, Vandana (1991), *Ecology and the Politics of Survival : Conflicts over Natural Resources in India*, London/New Delhi.
——(1988), *Staying Alive : Women, Ecology and Development*, London. 〔『生きる歓び——イデオロギーとしての近代科学批判』熊崎実訳、築地書館、1994 年〕
Slovic, Paul (1993), "Perceived Risk, Trust and Democracy", *Risk Analysis* 13/6, S. 675-682.
Sontheimer, Sally (1991), *Women and the Environment : A Reader. Crisis and Development in the Third World*, London.
Spretnak, Charlene (1990), "Ecofeminism: Our Roots and Flowering". In: Diamond, I. und Orenstein, G. F. (Hrsg.), *Reweaving the World, The Emergence of Ecofeminism*, San Francisco.
Spretnak, Charlotte (1989), "Towards an Ecofeminist Spirituality". In: Plant, J. (Hrsg.), *Healing the Wounds*, S. 127-132.
Symposium on "Sociology of the Environment", *American Sociologist*, vol. 25, Spring 1994.

Liberatoire, Angela (1994), "Facing Global Warming: The Interaction between Science and Policy-Making in the European Community". In: Redcliff, M. und Benton, T. (Hrsg.), *Social Theory and the Global Environment*, London.

Luhmann, Niklas (1991), *Die Soziologie des Risikos*, Berlin.

——(1986), *Ökologische Kommunikation: Kann die moderne Gesellschaft sich auf ökologische Gefährdungen einstellen?*, Opladen.

Merz, Hans und Wernike, Walter (1995), "Die neue Internationale", *Die Zeit*, vom 25. August 1995, S. 9ff.

Metzner, Andreas (1994), "Offenheit und Geschlossenheit in der Ökologie der Gesellschaft". In: Beckenbach, F. und Diefenbather, H. (Hrsg.), *Zwischen Entropie und Selbstorganisation: Perspektiven einer ökologischen Ökonomie*, Marburg, S. 349-391.

Moscovici, Serge (1976), *Society against Nature: The Emergence of Human Societies*, Hassocks.〔『自然と社会のエコロジー』久米博・原幸雄訳、法政大学出版局、1984年〕

Nelkin, Dorothy (Hrsg.) (1992), *Controversy: Politics of Technical Decisions*, London.

Oechsle, Mechthild (1988), *Der ökologische Naturalismus*, Frankfurt/Main.

Osterland, Martin (1994), "Der 'grüne' Industriearbeiter: Arbeitsbewußtsein als Risikobewußtsein", *Soziale Welt*, Sonderband 9.

Perrow, Charles (1988), "Komplexität, Kopplung und Katastrophe" In: *Ders: Normale Katastrophen: Die unvermeidbaren Risiken der Großtechnik*, Frankfurt/Main.

Plant, Christopher und Plant, Judith (Hrsg.) (1991), *Green Business: Hope or Hoax?*, Philadelphia.

Rammert, Werner (1993), "Wer oder was steuert den technischen Fortschritt". In: *Ders: Technik aus soziologischer Perspektive*, Opladen, S. 151-176.

Redcliff, Michael und Benton, Thomas (Hrsg.) (1994), *Social Theory and the Global Environment*, London.

Reusswig, Frank (1994), "Lebensstile und Ökologie", *Sozialökologische* zung: Am Beispiel ökologisch erweiterter Arbeitspolitik", *Soziale Welt*, Sonderband 9.

Hitzler, Ronald (1991), "Zur gesellschaftlichen Konstruktion von Natur: Kulturelle Hintergründe und ideologische Postitionen des aktuellen Öko-Diskurses", *Wechselwirkung*, Nr. 50, S. 58-75.

von Hofmannsthal, Hugo (2000), *Der Brief des Lord Chandos*, Stuttgart, S. 51f. 〔『チャンドス卿の手紙』川村二郎訳、講談社文芸文庫、1997 年〕

Horlick-Jones, Thomas (1996), "Modern Disasters as Outrage and Betraya1", *International Journal of Mass Emergencies and Disasters* (in Druck).

——(1995), "Urban Disasters and Megacities in a Risk Society", *Geo Journal* 37/3, S. 329-334.

Jahn, Thomas (1990), "Das Problemverständnis sozial-ökologischer Forschung: Umrisse einer kritischen Theorie gesellschaflicher Naturverhältnisse", *Jahrbuch für sozial-ökologische Forschung* 1, S. 15-41.

King, Ynestra (1989), "The Ecology of Feminism and the Feminism of Ecology". In: Plant, J. (Hrsg.), *Healing the Wounds: The Promise of Ecofeminism*, Philadelphia, S. 18-28.

Laird, Frank N. (1993), "Participatory Analysis, Democracy and Technological Decision-Making", *Science, Technology and Human Values* 18, S. 341-361.

Lash, Scott/Szerszynski, Bronislaw/Wynne, Brian (Hrsg.) (1996), *Risk, Environment and Modernity: Towards a New Ecology*, London.

Lash, Scott and Urry, John (1994), *Economics of Signs and Space*, London.

Latour, Bruno (1991), "Technology Is Society Made Durable". In: Law, J. (Hrsg.), *A Sociology of Monsters: Essays on Power, Technology and Domination*, London, S. 103-131.

——(1995), *Wir sind niemals modern gewesen*, Berlin.

Lau, Christoph (1989), "Risikodiskurse", *Soziale Welt*, Bd. 3, S. 271-292.

出版局、1992 年〕
Eichler, Margit (1994), " 'Umwelt' als soziologisches Problem", *Das Argument* 205, S. 359-376.
Elliott, Brian (1992), "Sociology and the Environment : New Directions in Theory and Research", delivered at the Canadian Sociology and Anthropology Association, May/June (unveröffentlichtes Manuskript).
Ewald, François (1991), "Die Versicherungsgesellschaft". In : Beck, U. (1991), S. 288-301.
Falk, Richard (1994), "The Making of Global Citizenship". In van Steenbergen, B. (1994), S. 127-140.
Frankenfeld, Philip J. (1992), "Technological Citizenship", *Science, Technology and Human Values* 17, S. 459-484.
Garzón, Baltasar (2001), "Die einzige Antwort auf den Terror", *Die Zeit*, vom 25. Oktober 2001, S. 11.
Giddens, Anthony (1997), *Jenseits von Links und Rechts*, Frankfurt/Main.
——(1995), *Die Konsequenzen der Moderne*, Frankfurt/Main. 〔『近代とはいかなる時代か?——モダニティの帰結』松尾精文・小幡正敏訳、而立書房、1993 年〕
Görg, Christoph (1992), *Neue soziale Bewegungen und kritische Theorien*, Wiesbaden.
Hajer, Maarten (1996), *The Politics of Environmental Discourse : Ecological Modernization and the Policy Process*, Oxford.
Halfmann, Jost and Japp, Klaus Peter (Hrsg.) (1990), *Riskante Entscheidungen und Katastrophenpotentiale : Elemente einer soziologischen Risikoforschung*, Opladen.
Haraway, Donna (1991), *Simians, Cyborgs, and Women : The Reinvention* of *Nature*, London. 〔『猿と女とサイボーグ——自然の再発明』高橋さきの訳、青土社、2000 年〕
Heine, Hartwig und Mautz, Rüdiger (1989), *Industriearbeiter contra Umweltschutz?*, Frankfurt/New York.
Hildebrandt, Eckart/Gerhardt, Udo/Kühleis, Christoph/Schenk, Sabine/Zimpelmann, Beate (1994), "Politisierung und Entgren-

Bogun, Roland und Warzewa, Günter (1992), "Großindustrie und ökologische Probleme in der Region: Wie reagieren Industriearbeiter?", *Soziale Welt*, Jg. 43, S. 237-245.

Böhme, Gernot (1991), "Die Natur im Zeitalter ihrer technischen Reproduzierbarkeit". In: *Ders.: Die Natur im Zeitalter ihrer technischen Reproduzierbarkeit*, Frankfurt/Main.

Bonß, Wolfgang (1991), "Unsicherheit und Gesellschaft: Argumente für eine soziologische Risikoforschung", *Soziale Welt*, Jg. 42, S. 258-277.

——(1995), *Vom Risiko, Unsicherheit und Ungewißheit in der Moderne*, Hamburg.

Brand, Karl-Werner und Poferl, Angelika (1996), *Ökologische Kommunikation in Deutschland*, Opladen.

Bühl, Walter (1981), *Ökologische Knappheit: Gesellschaftliche und technologische Bedingungen ihrer Bewältigung*, Göttingen.

Claus, Frank und Wiedermann, Peter (1994), *Umweltkonflikte*, Taunusstein.

de Haan, Gerhard (Hrsg.) (1995), *Umweltbewußtsein und Massenmedien: Perspektiven ökologischer Kommunikation*, Berlin.

Doubiago, Sharon (1989), "Mama Coyote Talks to the Boys". In: Plant, J. (Hrsg.), *Healing the Wounds: The Promise of Ecofeminism*, Philadelphia, S. 40-44.

Douglas, Mary (1992), *Risk and Blame: Essays in Cultural Theory*, London.

Douglas, Mary and Wildavsky, Aaron (1992), *Risk and Culture*, Los Angeles.

Dunlap, Riley E. und Catton, William R. (1994), "Toward an Ecological Sociology: The Development, Current Status, and Probable Future of Environmental Sociology". In: Antonio, W. V./Sasaki, M./Yonebayashi, Y. (Hrsg.), *Ecology, Society and the Quality of Social Life*, New Brunswick/London.

Eder, Klaus (1988), *Die Vergesellschaftung der Natur: Studien zur sozialen Evolution der praktischen Vernunft*, Frankfurt/Main. 〔『自然の社会化――エコロジー的理性批判』寿福真美訳、法政大学

文献一覧

Adam, Barbara (1996), "Re-Vision: The Centrality of Time for an Ecological Social Science Perspective", In: Lash, S. *et al.* (1996), S. 84-137.

——(1995), *Timewatch: The Social Analysis of Time*, Cambridge.

Archibugi, Daniele und Held, David (Hrsg.) (1995), *Cosmopolitan Democracy*, Cambridge.

Barber, Benjamin (1984), *Strong Democracy*, Berkeley.

Beck, Ulrich (1993), *Die Erfindung des Politischen*, Frankfurt/Main.

——(1991), "Die Soziologie und die ökologische Frage", *Berliner Journal für Soziologie*, Bd. 3, S. 331-341; English version in Beck (1994).

——(1992a), "From Industrial to Risk Society", *Theory, Culture and Society* 9, S. 97-123.

——(1988), *Gegengifte: Die organisierte Unverantwortlichkeit*, Frankfurt/Main.

——(1991), *Politik in der Risikogesellschaft*, Frankfurt/Main.

——(1986), *Risikogesellschaft: Auf dem Weg in eine andere Moderne*, Frankfurt/Main.〔『危険社会——新しい近代への道』東廉・伊藤美登里訳、法政大学出版局、1998年〕

Beck, Ulrich/Giddens, Anthony/Lash, Scott (1994), *Reflexive Modernization: Politics, Tradition and Aesthetics in the Modern Social Order*, Cambridge (deutsche Übersetzung 1996).〔『再帰的近代化——近現代における政治、伝統、美的原理』松尾精文・小幡正敏・叶堂隆三訳、而立書房、1997年〕

Becker, Egon (1990), "Transformation und kulturelle Hülle", *Prokla* 12-27.

Benford, Gregory (2000), *Deep Time: How Humanity Communicates Across Millennia*, Avon.

Benn, Gottfried (1986), *Das Gottfried Benn Brevier*, München.

ちくま学芸文庫

世界リスク社会論——テロ、戦争、自然破壊

二〇一〇年九月十日　第一刷発行
二〇一六年十一月十五日　第四刷発行

著者　ウルリッヒ・ベック
訳者　島村賢一（しまむら・けんいち）
発行者　山野浩一
発行所　株式会社　筑摩書房
東京都台東区蔵前二―五―三　〒一一一―八七五五
振替〇〇一六〇―八―四一二三
装幀者　安野光雅
印刷所　明和印刷株式会社
製本所　株式会社積信堂

乱丁・落丁本の場合は、左記宛にご送付下さい。
送料小社負担でお取り替えいたします。
ご注文・お問い合わせも左記へお願いします。
筑摩書房サービスセンター
埼玉県さいたま市北区櫛引町二―六〇四　〒三三一―八五〇七
電話番号　〇四八―六五一―〇〇五三

ISBN978-4-480-09310-3　C0136